지중해 언어의 만남

지중해지역원 인문총서 시리즈

지중해 언어의 만남

윤용수 · 최춘식 지음

산지니

들어가는 말

숲속에서 나무를 보면 나무 한 그루 한 그루의 특징을 살펴볼 수 있는 이점은 있지만, 전체 숲의 구도를 파악하기는 어렵다. 반면에 산 정상에서 숲을 바라보면 숲의 구도는 파악할 수 있지만, 나무 한 그루 한 그루에 대한 파악 역시 한계가 있다. 따라서 숲속에서의 관찰과 산 정상에서의 조망이 동시에 병행될 때 숲의 생태를 정확하게 파악할 수 있을 것이다. 미시적 연구와 거시적 연구가 동시에 필요한 이유다.

지중해 문명에 대한 연구도 같은 원리가 적용된다. 지중해는 인류 문명의 기원인 오리엔트 문명을 필두로 서구 문명의 원류인 그리스와 로마 문명, 중세 문명의 횃불인 이슬람 문명을 담고 있다. 즉, 지중해는 인류가 갖고 있는 대부분의 주요 문명이 발원되어 발전한 곳으로서 다양한 성격과 형태의 문화가 공존하고 있는 현장이다. 이들 문명과 문화는 이질적인 성격 또는 상호 대립되는 것으로 오해되지만, 실제 그 기원과 본질을 추적해보면 차별점보다 더 많은 공통점을 갖고 있다는 것을 알게 된다.

종교적인 입장에 따라 해석을 달리하고 있지만, 지중해의 대표적인 종교인 유대교, 기독교와 이슬람은 모두 유일신 하나님을 숭배하고, 기본적으로 아브라함의 자손이다. 성서적으로 파악해도 유대인과 아랍인은 이복 형제간이며, 서남 아시아의 셈족과 아프리카의 햄족의 조상은 노아의 후손들이다.

따라서 아브라함과 노아에 기원을 둔 지중해의 문명의 성격은 기독교와 이슬람, 유럽과 아랍 문명 등으로 구분하여 파악함과 동시에 통합적인 시각에서 상호 관련성을 관찰할 때 보다 선명하게 나타난다. 개별 국가 단위로 지중해의 국가들에 대한 연구와 함께 상호 연관성 속에서 지중해 국가를 파악할 때 보다 정확하고 선명하게 이들 개별 국가의 정체성을 파악할 수 있을 것이다.

지중해의 언어 역시 같은 원리가 적용된다. 지중해는 지중해가 잉태한 다양한 문명을 자양분으로 삼아 현대의 주요 언어인 라틴어와 로망스어 및 셈어와 햄어 계열의 언어를 탄생시켰다. 그 결과 현재 지구상에서 사용되고 있는 대부분의 언어들을 지중해에서 발견할 수 있기 때문에 지중해는 '세계 언어의 전시장'이라 할 만하다.

인류가 사용한 최초의 언어인 아담의 언어(Adam's language)가 무엇인지 알고 있는 사람은 아무도 없다. 종교적인 믿음과 관련된 주장과 학문적·과학적 사실은 구분되어야 한다.

현재까지 알려진 바로 기록으로 남아 있는 최초의 문자 체계가 만들어진 곳은 현재의 이라크 남부 지역에서 사용된 수메르 문자이며, 이후 악카드 문자와 페니키아, 나바트 문자 등이 만들어지며 지중해 문자 체계의 근간을 이루었다.

페니키아어가 그리스로 건너가 현대 영어 알파벳의 기원이 되었고, 현대 아랍어 문자 체계는 나바트 문자 체계에 바탕을 두고 있음은 알려진 사실이다.

이처럼 지중해 언어들의 문자 체계를 통해서도 그 상호 영향성을 알 수 있는 것처럼, 지중해의 언어들은 상호간 긴밀한 영향을 주고받으며 발전해왔음은 자명한 사실이다.

페니키아어의 문자 체계가 없었으면, 현대의 알파벳은 존재하지 않거나, 다른 형태를 가지고 있었을 것이다. 나바트어에서 영감을 얻지 못했다면 현대 아랍어 문자 역시 지금과는 다른 형태였을 가능성을 배제할 수 없다.

지중해의 언어들, 사진 출처: https://eastwestwesteast.
wordpress.com/2012/07/02/clash-of-ignorance-in-
the-mediterranean/

그리스어와 라틴어가 발전할 수 있었던 문화적 토양은 오리엔트 문명의 언어적 전통을 넘겨받았기에 가능한 것이었으며, 아랍어의 문법 체계는 그리스 철학과 논리학의 영향이 크다.

중세시대 지중해의 대표적인 언어였던 아랍어는 그리

스, 로마, 비잔틴, 페르시아와 인도로부터 수많은 어휘를 차용하여 아랍어를 더욱 풍성하게 했음은 이미 알려진 사실이다. 중세 이후에는 라틴어 계열의 언어가 아랍어로부터 철학, 과학, 의학, 수학, 천문학 등 학문 전반에 걸친 어휘들을 차용하였고, 아랍어를 어원으로 하는 어휘들이 현대 영어, 프랑스어, 이탈리아어와 스페인어 등에 고스란히 남아 있다.

이처럼 언어 간의 상호 영향과 관련성은 지극히 정상적인 현상이며, 지중해를 중심으로 연결되어 있던 지중해의 언어들은 개별적인 특징만큼이나 많은 공통점을 갖고 있고 이들이 상호 영향을 끼쳤음은 충분히 파악할 수 있다.

지중해 언어 교류의 동기는 여러 가지다. 언어는 문화의 중요 요소임으로 언어의 교류 형태는 문화의 교류와 같은 맥락에서 파악할 수 있다.

문명 교류를 유발시키는 일반적인 과정은 대체로 다음과 같은 3단계를 거친다. 첫 번째 단계는 전쟁과 정복, 상업적인 교류와 같은 접촉을 유발시키는 문화 접촉 단계이며, 두 번째 단계는 접촉 이후에 자발적 동화와 강압적 유입과 같은 문화 유입 단계다. 세 번째 단계는 종속이 유지됨으로 인해 지배 문화가 고착되거나 종속의 탈피를 통해 전통을 부활시키려는 문화 융합 단계다.

문화 융합 단계에서는 지배 문화의 고착이든 전통의 부활이든 간에 지배 문화와 기층문화 간의 융합과 통섭을 통해 보다 발전된 문화 형태가 등장하게 된다.

언어 간 접촉과 교류 역시 문명 간의 그것과 동일한 과정을 거친다. 문명의 접촉은 곧 바로 언어의 접촉을 의미하기 때문이다.

이 책에서는 지중해의 언어 중 근대 이후에 아랍어가 유럽어와 접촉하는 과정과 배경 및 그 결과를 살펴보고자 한다. 중세 시대 지중해의 대표적인 문명어였던 아랍어는 근대의 침체기를 겪으며 쇠퇴의 길을 걷다가 18세기 이후 제국주의 국가의 침략으로 인해 식민지의 언어로 전락했다. 이후에 영어와 프랑스어 등의 외국어에 무방비로 노출되었고, 이들 외국어가 강압적으로 아랍어에 유입됨에 따라 아랍어의 순수성과 정통성은 훼손되었다. 아랍어 공동체에서 외국어 사용의 확산은 화자 개개인의 교육 배경, 직업적 필요성과 성향 등의 환경적인 요인이 중요한 변수로 제시되고 있지만 이런 요인들만으로는 충분히 설명되지 못하는 부분들이 많다.

레반트 지역과 북부 아프리카 지역의 아랍 국가에서는 프랑스어가 거의 공용어 수준으로 사용되고 있고, 이집트와 요르단 등의 동부 지역 주요 아랍 국가에서도 영어는 보편적으로 사용되고 있다. 대학의 주요 교과목들이 영어 또는 프랑스어로 강의되고 있고, 자체적으로 영어와 프랑스를 사용하는 TV와 신문, 잡지 등의 언론매체들을 아랍에서 쉽게 접할 수 있다.

이는 영어가 21세기 국제적인 교역어(lingua franca)로서의 역할과 위상을 차지하고 있다는 설명으로는 이 현상에 대한 충분한 설명이 되지 못한다. 아랍인들 중 직업적 필요성으로 인해 외국어가 필요한 사람은 극히 소수이며, 그들의 교육 수준과 문맹률을 감안하면 외국어에 노출될 환경 역시 충분하지 못하다. 그럼에도 불구하고 외국어의 범람과 폭넓은 사용은 기존의 원인으로 설명하지 못하는 구조적인 이유가 있음을 의미한다.

아랍 국가들은 독립 이후에도 아랍·이슬람의 정체성 회복과 현대화라는 대립적 논쟁에 빠져 국가 에너지를 소비했고, 영국과 프랑스 등으로부터 정치적 독립은 이루었으나, 신제국주의 정책(neo-imperialism)에 의해 경제적·문화적·언어적 독립은 이루었다고 말할 수 없다.

실제로 북아프리카 국가의 일부 지식인들은 아랍어보다 프랑스어에 더 익숙해 있고, 자신의 정체성도 아랍·이슬람인 정체성보다 유럽인의 정체성으로 파악하고 있다. 이들 국가에 아랍어를 연수하러 간 한국 학생들은 아랍어가 아닌 프랑스어를 배워왔다고 뼈 있는 농담(?)을 하기도 한다.

따라서 현대 아랍 사회는 전쟁과 정복을 통한 언어의 강제적 유입과 이를 통한 강압적 언어 이식의 좋은 사례를 보여 주고 있다. 한국도 근대사에 일본의 강제 병합으로 국권을 상실했고, 이로 인해 일본어가 한반도에 강제 이식된 경험을 갖고 있다. 주체만 다를 뿐 아랍과 유사한 역사적 경험을 가진 우리로서도 한 번쯤 뒤돌아볼 만한 대목이다.

지중해 언어를 중심으로 언어 교류를 연구하는 관련 연구자들과 지중해 언어에 대한 일반 독자들의 이해를 돕기 위한 바람에서 이 책은 세상에 나오게 되었다. 언어의 강제 이식도 언어 교류의 한 형태임으로 이를 통해 지중해는 물론 타 지역의 언어 교류 형태를 파악하는데도 이 책이 참고되었으면 하는 바람이다.

이 책에 실린 내용은 이 분야에 대한 저자의 그동안의 연구 성과를 밑거름으로 삼아 재정리된 것임을 밝혀 둔다.

차례

1장

십자군이 유럽에
아랍어를 퍼트리다

아랍어는 악카드어(Akkadian language)를 모어로 하는 셈어 계통의 언어로서 오랫동안 구어체 언어로서 사용되었다. 7세기 이전에 아랍어는 아라비아 반도의 유목민들이 사용하는 원시적인 수준의 언어였지만, 표현력이 풍부하게 발달한 언어였다.

아랍어의 표현력을 발달시킨 가장 중요한 요인은 아랍인들이 문학적 긍지로 여기는 시(poet)였다. 짧은 문장과 서정적이며 화려한 표현으로 가득 찬 당시의 시는 잦은 이동을 하는 유목민들의 생태 환경과 조화를 이루었고 아랍인들을 위로하기에 충분했다.

이 당시의 아랍인들에게 시는 남녀노소를 불문하고 삶의 위안이자 행복이었으며, 오락이자 유희였고 삶의 즐거움이기도 했다. 거칠고 메마른 땅이었지만 아랍인들은 시를 통해 위로받고 그들의 삶과 사랑을 노래했다. 아랍인들은 자신들의 삶을 위로할 수 있는 시를 발전시켰고, 이들의 시어(poetic language)는 서정적인 표현과 은유로

가득 차 있었다.

시가 사랑받고 시인이 존경받는 사회적 분위기속에서 시어와 시적 표현들은 풍부해졌고, 시인들은 시를 통해서 새로운 어휘와 표현을 만들어 내는 장인(匠人)이었다. 6세기 아라비아 반도에서 사랑받던 시인이었던 이므르 까이스(Imrū' al-Qays ibn Ḥujr al-Kindī)는 지금까지 '아랍 시의 아버지'로 불리며 아랍인들의 기억 속에 남아 있다.

시가 사랑받는 환경에서 시어를 담고 있는 아랍어는 이 세상의 그어느 언어와도 비교할 수 없는 최고의 언어였으며, 아랍인들이 아랍어를 자랑스럽게 여긴 것은 자연스럽고 당연한 현상이라 하겠다.

문자 체계가 충분히 발달하지 못하여 문어체 언어로서 충분한 기록을 남기지는 못했지만, 이슬람 출현 이전에 이미 아랍어는 지중해의 주요 언어로 성장하고 있었다.

수사와 은유의 시어로 가득했던 아랍어에 이슬람의 출현과 꾸란의 등장은 아랍어 발달의 결정적인 계기가 되었다. 아랍인들의 삶을 위로하던 시어는 온 세상에 알라의 말씀을 전하는 복음의 언어로 발전했다.

이슬람교의 경전인 꾸란을 통해 아랍어는 발전되었기 때문에 무슬림들은 아랍어는 종교적 영성을 가진 언어로 믿었고, 꾸란으로 아랍어를 암송하는 것은 무슬림으로서 가장 신성한 경이로운 종교적 실천으로 간주되었다.

꾸란의 기록은 아랍어 발전의 결정적 계기가 되었다. 교조 무함마드 사후(AD 632) 꾸란의 순수성을 보존하기 위한 방안으로서 기록의 필요성을 느낀 아랍인들은 문자 체계의 개발에 관심을 갖게 되었다. 암기만으로 꾸란을 영구히 보존할 수는 없다는 것을 깨달은 것이다.

결국 7세기 아라비아 반도의 상업 국가로서 커다란 부(富)를 일구었던 나바트인들의 나바트어를 활용한 아랍어 쓰기 체계가 만들어졌다.

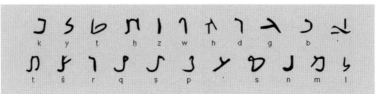
나바트어 문자

이슬람 이전 시대에 아랍인들이 문자 체계를 갖고 있었던 것은 사실이지만, 원시적인 수준에 머물러 있어 꾸란을 완전하게 기록하기에는 한계가 있었다. 제3대 칼리파 우스만 시대(AD 577~656)에 기록된 꾸란은 원시적인 언어 체계를 갖추고 있었고, 현대의 아랍어에 비할 수 없이 조잡한 쓰기 체계였지만, 향후 아랍어 기록 체계의 모태가 된 것은 분명하다. 즉 이슬람의 등장과 꾸란의 기록이 아니었다면 아랍어의 발전은 기대할 수 없었을 것이다.

꾸란이 기록되던 AD 7세기 전후 아라비아 반도 아랍인들의 지적(知的)인 성취 수준과 지리, 사회 및 언어 상황을 고려할 때, 아라비아 반도에는 반도의 여러 아랍 부족어와 페르시아어, 이디오피아어, 히브리어 등의 외국어가 혼재하여 사용되며 상호 간 언어적인 교류가 활발하게 이루어지고 있었으리라 판단된다. 독자적인 문자 체계를 갖고 있지 못하고, 꾸란의 해석에 필요한 지식과 어휘가 부족했던 당시의 아랍인들이 꾸란을 기록하고 해석하기 위해서 외래 학문

8세기에 기록된 꾸란   13세기에 기록된 꾸란

의 활용과 이에 따른 비아랍어 수용은 불가피했으리라 본다. 문명 간 접촉으로 인해 유발되는 언어 접촉과 그로 인한 차용은 언어의 발달 과정에 있어 지극히 자연스러운 현상이기도 하다.

결국 아라비아 반도 유목민의 언어였던 아랍어는 꾸란의 기록을 위해 주변의 발달된 언어를 차용하였고, 아랍어로 표현하지 못했던 철학과 사상 및 세계관을 표현할 수 있게 되었다. 즉, 아랍어는 이슬람을 통해 아라비아 반도 지역어의 한계를 벗어나 명실공히 중세 지중해의 대표 언어로 재탄생하게 된 것이다.

아랍인 문헌학자 살리비(Al-Thalibi, AD 961~1037)는 "알라의 사도 무함마드를 사랑하는 사람은 누구나 아랍인을 사랑한다. 아랍인은 알라의 최고의 백성이며, 아랍어는 최고의 언어다"라고 주장하며 아랍어의 우수성을 이슬람과의 관계를 통해 역설했다.

아라비아 반도 유목민의 언어였던 아랍어는 이슬람 대정복을 통

18

해 새로운 종교인 이슬람과 함께 아라비아 반도에서 출발하여 북부 아프리카를 거쳐 이베리아 반도에까지 퍼져 나갔다.

이슬람으로 개종한 새로운 무슬림(마왈리)들은 정복자들의 언어인 사막의 언어를 자신의 모어로 받아 들였다. 무슬림들 중에는 모든 언어의 모어가 아랍어라고 믿는 사람도 있었다.

아랍·이슬람군은 정복지의 기층 문화를 파괴하지 않고 보존했다. 아랍인들은 정복지의 기층문화를 흡수하여 한층 고도화되고 세련되며 국제화된 아랍·이슬람 문명을 일구어냈다. 이 문명은 향후 수 백년 동안 지중해뿐만 아니라 전체 인류 문명을 선도하는 횃불이 되었다. 선진 문명에 목말라하던 피정복지 국민들은 이슬람문화에 대한 동경심을 갖게 되었고, 그 결과 이들의 이슬람화는 자연스럽게 진행되었다.

정복지에서의 아랍어 역시 피정복민에게 강요되지 않았지만, 무슬림으로 개종한 피정복민(마왈리)은 자신의 종교어로서 아랍어를 받아들였고 궁극적으로는 자신의 모어를 아랍어로 대체하는 상황까지 발생했다.

아랍·이슬람군의 영토 확장에 따라 아랍어는 정복지 언어와의 접촉을 통해 상호 차용하였고, 차용한 정복지의 기층언어를 아랍어화의 과정을 통해 새로운 아랍어로 재생산해나갔다. 이런 과정을 통해 아랍어는 확장되어나갔고, 수세기를 지나면서 아랍어는 지중해와 중앙아시아 및 인도와 중국에 이르기까지 이슬람화된 지역의 모든 지식과 학문을 담을 수 있을 만큼 풍부해졌으며, 수세기 동안 지중해 학문과 지식 및 문화의 저장소 위치를 치지했다.

8~12세기 동안 아랍어는 전 학문 분야에 걸쳐 지중해 지식과 학

문, 과학의 언어였다. 지중해 지역의 문인들과 과학자들은 그들의 예술 활동과 학문을 추구하고, 지식을 전파하기 위해서는 아랍어를 배워야만 했다.

이 시기에 안달루스 지역[1]에서는 아랍어로 기술된 문헌이 모든 유럽어로 기술된 문헌보다 많았다. 이슬람 스페인의 도서관에는 헤아릴 수 없을 만큼의 아랍어 필사본이 보관되어 있었고, 그 양은 유럽의 다른 국가의 그것과 비교할 수 없을 정도였다.

아랍·이슬람 군대가 스페인에서 철수(reconquista, 1492)한 이후, 600여 년이 지난 지금까지 스페인어를 포함한 유럽어에 아랍어가 남아 있고 여전히 사용되고 있는 사실은 안달루스 시대에 아랍어의 기능과 기여를 감안하면 놀라운 일이 아니다.

이슬람이 스페인을 지배했었던 700여 년 동안(718~1492) 중세 안달루시아에서는 일반인들에 대한 초등교육이 시행되었고 대부분의 국민들은 아랍어를 읽고 쓸 수 있었다. 그러나 무슬림이 점령하지 못한 스페인 북부 지역과 유럽 국가의 국민들은 서기와 같은 전문직 종사자를 제외하고는 대부분이 문맹이었다. 그래서 많은 기독교 유럽인들은 교육을 받기 위해 안달루시아로 이주해 왔다.

이 과정에서 유럽인들은 아랍어를 자연스럽게 익히게 되었고, 그 결과 유럽어에 아랍어가 유입되어 그동안 유럽어로 표현하지 못했던 과학, 기술, 학문 분야의 개념들을 표현할 수 있게 되었다. 아랍어가

---

1) 무어인들에 의해 이베리아 반도를 지칭하기 위해 사용된 표현인 'Al-Andalus'는 서고트족 이전에 이 지역을 지배했던 '반달족'의 의미를 갖고 있다. 리콘키스타 기간에 이 용어는 북쪽의 유럽인들도 사용했고 결국 '이베리아 반도 동쪽의 자치 지역'을 의미하는 'Andalucía'로 정착되었다.

유럽어를 한 단계 발전시켜놓은 것이다.

　이슬람 국가에서 살게 된 유럽인들은 아랍어에 점점 능숙해졌고 자신의 모어인 유럽어보다 아랍어를 더욱 선호하는 경향도 나타났다.

　아랍어는 문어체 언어뿐만 아니라 스페인어를 포함한 유럽의 구어체 언어에도 영향을 끼쳤다. 10세기부터 그라나다가 함락할 때까지 아랍어 어휘는 스페인 구어체 언어에 계속 차용되었고, 스페인 북부의 기독교 지역의 언어에 까지 아랍어의 영향력은 확장되었다. 오늘날 현대 스페인어에는 8천여 개의 아랍어 어휘가 차용되어 있고, 200~300여 개의 지명이 아랍어다.

　스페인어 어휘의 약 8%가 아랍어에 기원을 두고 있으며 이들 어휘는 특히 스페인어 지명에 널리 분포되어 있다.

　어휘에서 아랍어의 영향력은 가장 분명하게 나타난다. 스페인어의 감탄사 '˘Ole!(좋아!)'는 아랍어의 감탄사 'wa'llah(정말!)'에서 파생된 것이며, 'ojalá(부디… 하기를)'는 아랍어의 'in shā' Allah(알라가 원하신다면)'에서 차용된 것이다. 스페인에서 아랍어의 영향은 지명에서 보다 구체적으로 나타난다.

　모로코와 스페인사이의 해협을 일컫는 지명인 'Gibraltar'는 아랍어의 'Jabal Tariq(타리끄 산)'에서 파생된 어휘다. 여기서 '타리끄'는 아랍·이슬람 정복군이 스페인을 점령할 때 군대를 이끈 아랍인 장군이다.

　스페인의 지명인 'Algeciras' 역시 아랍어의 'al-jazeera(섬)'에서 파생된 단어이며, 역시 스페인의 지명에서 종종 사용되는 'gnada'는 아랍어의 'wadi(계곡)'에서 파생된 단어다.

(예) wadi al-qasr(아랍어) → Guadalcazar(스페인어)

wadi al-abyad(아랍어) → Guadalaviar(스페인어) 등

이 시기에 아랍어의 유럽어로의 확산을 가속시킨 주요 요인 중의 한 가지는 아랍어 문헌의 번역이었다. 수 많은 아랍어 문헌이 유럽어로 번역되었고, 아랍어가 유럽어에 차용되었다. 이 과정에서 유럽의 문화와 학문 발전을 위한 토대가 마련되었고, 학문적 부흥을 위한 기반을 마련하게 되었다.

십자군전쟁 이후 유럽으로 회군한 십자군들은 발달된 아랍의 문명과 학문을 유럽에 들여왔다. 귀환한 십자군은 아랍어를 통해 유럽어를 확장시키며 풍부하게 했다. 이들은 전쟁을 끝내고 고향으로 돌아간 뒤 유럽 전역으로 흩어졌고 이들의 입을 통해 아랍어가 유럽에 확산된 것이다. 특히, 건축, 농업, 식품, 제조와 무역 분야의 어휘가 확장되었다. 이 과정에서 아랍어를 기원으로 한 많은 유럽어가 생겨나게 되었다. 유럽에 아랍어를 확산시킨 1등 공신이 아랍인이 아닌 십자군전쟁에서 귀환한 십자군 병사들이었다는 것은 역사적인 아이러니라 하겠다.

당시 유럽에서 볼 수 없었던 진기한 물건의 아랍어 명칭은 유럽에 아무런 변형없이 그대로 수용되었고, 아랍 국가에서 발달된 새로운 개념과 지식 및 학문도 그대로 유럽에 수용되었다. 또한 아랍과 교역을 한 유럽 상인들은 아랍 곳곳을 다니며 발달된 아랍 문명과 문화를 배웠고 이를 유럽에 전달했다. 스페인어에 차용된 아랍어의 예는 아래와 같다.

아랍어	스페인어
ad-daraqah (방패)	adarga (방패)
al-fāris (기사)	alférez (소위)
al-ḡārah (공격)	algara (기병대)
al-qaṣr (성, 요새)	alcázar (성, 요새)
at-ṭalāʼiʻ (관찰)	atalaya (망루)
al-qāḍī (재판관)	alcalde (시장)
al-ḍayʻah (영지, 마을)	aldea (마을, 시골)
ar-rabaḍ(주변, 교외)	arrabal (교외)
funduquh (호텔)	fonda (여관)
al-kanz (보석)	alcancía (금고)
as-sūq (시장)	azogue (시장, 상점)
al-quṭn (목화)	algodón (목화)
laymūn (레몬)	limón (레몬)
qahwah (커피)	café (카페)
qamis (셔츠)	camisa (셔츠)
al-kuḥl (알코올)	alcohol (알코올)

결국 아랍의 문명과 학문이 암흑에 빠져 있던 유럽을 깨어나게 하는 자극이자 촉매가 된 것이다. 현대 사회에서 절대적인 영향력을 갖고 있는 영어가 전 세계에 차용되며 그 사용 영역을 확장하고 있는 것과 같은 이치다. 즉, 21세기 영어의 역할을 11~13세기 지중해에서는 아랍어가 수행하고 있었던 것이다.

2장

제국주의 국가와
문화제국주의

　18세기 산업혁명 이후 거대한 자본력과 생산력을 갖춘 스페인, 포르투갈, 영국, 프랑스 등 일부 유럽 국가들은 제국주의로 무장하여 전 세계 대부분의 국가들을 그들의 식민지로 예속시켰다. 자본주의의 발달과 함께 더 많은 생산 수단과 설비를 확보하게 되었고, 상품 생산을 위한 자원과 노동력, 생산된 제품을 안정적으로 판매할 수 있는 시장을 필요로 한 이들 유럽 국가들은 아프리카, 중동, 아시아에 그들의 식민지를 개척·확장해나갔고 이들 식민지 국가들은 제국주의 국가들의 독점적 이익을 위한 희생양이 될 수밖에 없었다.

　제국주의 국가들의 식민지 점령 과정은 대체로 아래와 같은 단계를 거쳐 진행되었다.

　첫째, 상업 교역단의 파견이다. 무역과 교역을 위해서 제국주의 국가들은 상단(商團)을 대상국에 파견하여 무역 자치 지역을 포함한 이들의 사업 거점 및 진출을 위한 교두보를 확보하고, 현지와의 무역을 통해 경제적 영향력을 확보했다.

주로 항구에 위치한 이들 상업 교역단의 체류지는 외국 상인들의 정착촌으로 발전했고 점차 내륙으로 확산되어나갔다. 이들 정착촌은 경우에 따라 육군과 해군 등의 자체적인 군사력을 갖추고 그 지역 무역에 대한 확실한 독점권을 부여받아 공식적인 무역망을 조직하기도 했다. 17세기 인도에 건설된 영국의 동인도회사, 일본의 동양척식주식회사 등이 대표적인 사례라 할 수 있다.

둘째, 지리학자의 파견이다. 식민지를 정복하기 위해서는 식민지에 대한 지리적 탐사가 필요하고, 이를 위해 본국의 지리학자를 식민지에 파견했다. 파견된 지리학자는 대상 국가의 지리적 환경은 물론, 문화적 특성 및 자원 분포 등을 조사하여 본국에 보고했고, 이들이 조사한 현지의 지리, 환경 정보는 제국주의 국가의 군사적, 경제적, 문화적 진출 전략의 기초 자료로 활용되었다.

셋째는 기독교 선교 단체의 파견이다. 기독교 선교사들은 대상 국가에 파견되어 원주민과 접촉함으로써 제국주의 국가의 식민지 수탈의 선봉대 역할을 담당했다. 기독교 선교와 전도를 명분으로 식민지에 진출한 이들 선교사들은 실질적으로는 교세의 확장과 함께 경제적 실리를 추구하였으며 식민지 국가의 민족 정체성 말살에도 큰 역할을 했다.

기독교와 제국주의 국가의 관계는 상호부조의 관계로서 제국주의 국가는 기독교 선교사를 식민지 확장과 개척의 선발대로 이용하였고, 선교사는 기독교의 확산은 물론 경제적 이익도 동시에 획득할 수 있었다. 결국 기독교와 제국주의의 관계는 악어와 악어새의 관계처럼 긴밀하게 연결되어 상호 이익을 추구하는 공생 관계라 할 수 있었다.

넷째는 군대의 파견이다. 제국주의 국가는 대상 국가에서 원주민과 자국의 무역 대표단 또는 선교사와의 갈등으로 피해가 발생하면 이들의 보호라는 명분하에 군대를 파견하고 무력으로 대상 국가와 불평등 조약을 체결했다. 이러한 조약을 통해 제국주의 국가는 식민지 국가를 실효적으로 지배하고, 토지를 차지하며 기업가는 개발의 명분하에 그 지역을 경제적으로 예속화시켰다.

결국 상업 대표단의 파견→지리학자의 파견→선교사 파견→군대 파견과 예속화 등의 공식화된 과정을 거쳐 식민지를 확장해나가는 것이 제국주의 국가의 일반적인 식민지 확장 과정이라 할 수 있다.

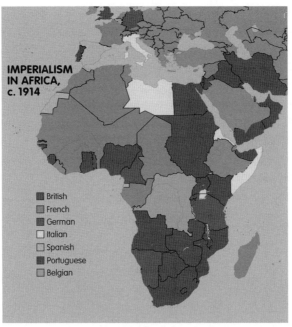

20세기 초의 제국주의 국가와 식민지 분포. 사진 출처: http://spark.charts.
sparknotes.com/history/european/section14.php

제국주의 국가들이 대상 국가를 군사적으로 점령한 이후에는 이 지역의 지배를 영구화하기 위한 방편으로 식민지 국민들의 정신과 사고를 예속화하는 작업이 필연적으로 필요했고 이를 위한 구체적인 수단은 전통 문화와 언어의 예속을 통한 민족 정체성의 말살이었다. 즉, 식민지 국가의 모어를 극도로 제한하거나 소멸시킴으로써 이들의 민족 주체성을 파괴시킬 수 있고, 그 빈 공간에 제국주의 국가의 언어를 이식시킴으로써 식민지 국민들을 문화적·정신적으로 예속화시킬 수 있다고 믿었다. 물론, 이러한 제국주의 언어 정책을 실행하기 위해서는 선진 언어와 문화의 보급이라는 포장을 하여 식민지 국민들이 자발적으로 이를 수용하게 하는 고도의 문화 정책을 병행하였다.

제국주의자 자신들은 제국주의 문화와 언어 정책의 실행이 식민지 국가의 민족어와 정체성 말살이 아닌 후진 국가의 문명화라는 숭고한 작업을 하고 있다는 착각에 빠져 있었고, 이러한 착각을 합법화할 수 있는 다양한 사상과 이론 개발에 몰두했다.

제국주의 국가에게 언어란?

제국주의자들이 갖고 있는 기본적인 언어관은 언어상대주의(linguistic relatively)에 근거하고 있다. 언어상대주의는 언어의 구조는 해당 언어를 화자로 하는 언어 집단들의 인식 체계에 영향을 끼친다는 이론으로서 훔볼트(Wilhelm von Humboldt, 1767~1835)에 의해 제기되었다, 그는 민족의 정신을 표현하는 주요 수단은 민족의 언어라는 인식하에 언어가 민족 정체성 형성에 영향을 끼칠 수 있으며, 언어를 교체함으로써 정체성은 물론 사고와 인식 체계를 변화시킬 수 있다고 믿었다. 그는 언어는 인간의 사고와 선천적으로 굳게 맺어진 것으로서 인성의 신비로운 곳에 뿌리박고 거기서 자연적으로 반사되어 나타나는 것이라고 주장했다.

훔볼트에 의하면 같은 언어를 사용하는 사람들은 동질성에 기반한 공동체 의식을 공유하며 그 공동체 의식은 개인에게 민족 구성원이라는 점을 각인시킨다. 이들은 공동체 의식의 표현으로서 동일 언어를 사용하기 때문에 언어는 민족의 정체성을 나타내는 주요 표식이라고 믿었다. 그러므로 언어의 차이는 환경과 역사, 세계관과 철학뿐만 아니라 사물에 대한 인식 방법과 표현 방법의 차이를 가져온다고 생각했다. 때문에 동일언어를 사용하는 민족은 동일한 인식구조를 가질 수밖에 없고 민족 의식과 민족 감정을 공유할 수밖에 없다고 생각했다.

후대에 '언어상대주의'로 명명된 훔볼트의 이러한 언어관은 제국주의자들의 요구와 필요성에 의해 식민지 언어 정책 수립과 시행에 적절히 변색되어 활용되었다.

훔볼트는 각 민족의 정체성과 인식 체계의 차이는 사용하는 언어의 차이가 주요 원인이라는 언어와 인식 체계 사이의 관계에 대한 이론을 제시하였지만, 제국주의자들은 이를 편의적으로 해석하여 식민지 국가의 언어를 제국주의 국가의 언어로 교체하는 이론적 근거로 활용하였다. 즉, 식민지 국가의 후진성은 그들이 사용하는 모어의 후진성과 직접적인 관련성이 있으며, 식민지 언어를 발달된 제국주의 국가의 언어로 교체함으로써 개인의 인식의 발달 및 확장은 물론 식민지 국가와 사회의 발달을 이룰 수 있다는 주장을 제시했고 실제로

이 주장을 믿고 있었다. 따라서 제국주의 국가가 식민지 국가에 제국주의 국가의 언어를 전파하는 사업은 단순한 식민지 관리의 차원이 아닌 식민지의 개발과 발전을 위한 숭고한 작업으로서 선진국의 후진국에 대한 사명과 책임이라는 착각에 스스로 빠져들게 만들었다.

민족주의(nationalism)를 자양분으로 한 언어상대주의 이론은 제국주의 국가들이 식민지의 강제 점령이라는 악의를 후진국의 경제적, 문화적 계도와 발전이라는 선의로 전환시키기 위한 이론적 토대와 명분으로 활용되었다.

결론적으로 식민지의 언어 정책은 문화적 책무와 사명이라는 숭고한 명분을 획득함으로써 장기적인 계획하에 철저하고 집요하게 시행될 수 있었다. 특히, 1789년 프랑스혁명 이후 제국주의 국가에 확산된 민족주의는 제국주의 전쟁과 침략을 미화시키고 약소 민족과 국가에 대한 압박과 지배를 합리화하는 사상적 배경으로 자리 잡음으로써 식민지의 문화적 지배를 더욱 공고히 할 수 있었다.

문화제국주의와 언어 정책

군사적, 경제적 우위를 점하고 있던 서구 열강의 제국들은 그들이 점령한 식민지에 경제적 착취뿐만 아니라. 선진 문화로 믿고 있던 그들의 문화를 식민지에 전파시키려는 문화제국주의(cultural imperialism) 정책을 시행했다.

군사적 점령을 달성한 식민지 국가의 지배를 영구화하기 위해서는 식민지 국민의 의식을 지배하는 것이 무엇보다 중요했기 때문에 군사적, 경제적 침탈에 이은 문화적 지배는 당연한 수순이었고 대부분의 제국주의 국가들은 방식의 차이가 있을 뿐 문화 제국주의 정책을 철저하게 시행했다. 또한, 군사적 점령에 대한 도덕적 면죄부가 필요했기 때문에 선진 문화로 믿고 있는 자신들의 문화를 식민지에 전달함으로써 이들을 계도·발전시킨다는 명분을 내세웠다. 특히, 프랑스 제3공화정시대(1879~1940)에 공화국의 문교 장관과 수상을 역임했던 쥘 페리(Jules Ferry, 1832~1893)는 우수한 인종에게는 열등한 인종을 문명화할 책무가 있다는 '문명화의 사명(mission civilisatrice)'을 주장했다. 이 문명화의 사명은 후진 민족을 억압과 빈곤으로부터 해방한다는 구세주 신앙(messianisme)을 담고 있어서 인권과 평등이라는 프랑스 혁명의 정신과 잘 조화되었다.

문화 제국주의 정책의 핵심은 그들의 언어를 식민지 국가에 이식시키는 언어 제국주의(linguistic imperialism)였다. 제국주의자들은 식민지 국민들의 의식과 사고를 지배하기 위해서는 그들의 언어를 지배하는 것이 무엇보다 중요하다고 판단했다. 그들은 언어에는 미개한 언어와 발달한 언어가 있으며(언어 진화론), 보편적 문명으로부터 뒤떨어진 미개한 국민도 선진 문명의 언어로 전환함으로써 선진 민족으로 개화될 수 있다고 식민지 국민들에게 교육시켰다. 또한 민족과 언어의 관계는 필연적인 것이 아니기 때문에 민족어를 다른 언어로 바꾸는 것은 가능하다는 인식을 식민지 국민에게 주입시켰다.

프랑스 제3공화정의 이데올로기를 주도했던 언어학자이자 사상가였던 르낭(Joseph Ernest Renan, 1823~1892)은 언어는 종족의 특징이 아니라, 역사적 생성물이며 그 언어를 말하는 사람들의 혈통과 본질적인 결합은 없다고 주장했다. 그는 민족 정체성을 결정짓는 요인에 언어는 포함되지 않으며, 침략과 정복 및 교류 등의 과정을 통해 언어는 얼마든지 바뀔 수 있다고 주장하여 식민지 국민들과 그들의 민족어의 간극을 확장시키려 했다.

동시에 제국주의 국가의 언어를 우월한 보편적 문명의 언어로 특권화시켜 식민지 국민들이 자연스럽게 제국주의 국가의 언어를 수용하도록 유도했다. 이를 위해 식민지 국가에 제국주의 국가의 학교 설치와 교육 프로그램 시행, 외국어 중심의 언어 정책 시행, 제국주의 국가의 언어에 사회적, 경제적 우위(prestige)를 부여하기 위한 다양한 정책을 실행했다.

물론, 이러한 제국주의자들의 믿음의 기저에는 자신들의 언어와 문화에 대한 배타적 자긍심과 함께 식민지 문화와 언어에 대한 몰이해와 식민지 문화는 열등한 미개 문화라는 선입관을 갖고 있었다.

제국주의자들은 모든 식민지 국민들에게 제국주의 국가의 언어를 교육시킨 것은 아니며, 소수의 선택된 식민지 국민들에게 제국주의 국가의 언어와 문화를 교육시킨 후 그들을 식민지의 하급 공무원으로 임명하여 식민지 국민을 통치하게 하는 고도의 식민지 국민 유도 전략을 실행했다.

제국주의 국가의 식민지 통치 방식

제국주의 국가의 식민지 언어 정책은 개별 국가의 역사적 경험과 상황에 따라 다양한 양상을 보였지만, 크게 국가 개입주의 언어정책과 방임주의 언어정책으로 구분할 수 있다.

국가 개입주의 언어정책은 프랑스처럼 국가 기관이 제도의 설립과 언어 사용에 관한 법률의 제정 및 시행 등을 통해 국가 주도의 강력한 언어정책을 펼치는 것을 의미하는 반면에, 방임주의 언어정책은 영국처럼 언어 문제에 대한 국가의 직접적인 개입을 자제하고 민간의 자율적인 개입을 간접적으로 국가가 지원하는 정책을 의미한다.

또한 제국주의 국가들이 식민지에서 실행한 언어 정책의 유형은 크게 종속주의(subjection), 동화주의(assimilation), 자치주의(autonomy)와 연합주의(association)로 구분할 수 있다.

이들 유형은 정책을 시행한 제국주의 국가의 식민지 관리 방침과 식민지에 대한 인식과 관계 및 활용도와 깊은 관련이 있다. 제국주의 국가는 식민지 관리를 위해 상기 언급된 정책들 중 특정 정책만을 고수한 것은 아니며, 식민지의 상황과 국제적 여론의 추이에 따라 상기 정책들을 선택적으로 적용했다. 식민지 관리 정책이 전환되었다 하여 제국주의 국가의 식민지에 대한 근본 인식과 식민지의 수탈과 시장 확보라는 기본 목적이 바뀐 것은 아니며 단지 식민지의 효율적 관리를 위한 전략적 선택이었을 뿐이다.

제국주의 국가들이 시행한 식민지 언어 정책의 특징은 다음과 같이 요약할 수 있다.

종속주의(subjection)

이 유형은 제국주의 국가와 식민지 국가의 관계를 철저한 주(主)와 종(從)의 관계로 설정하고 식민지 국가를 제국주의 국가의 경제적 이익을 위한 도구로 활용하는 것이다. 따라서 제국주의 국가는 식민지 국가의 언어 등을 포함한 전통 문화를 철저히 무시하고 배격하며, 자신들의 문화를 식민지 국가에 전파하지도 않는다. 식민지 국민들에게 지배 국가의 언어를 교육하지도 않으며, 식민지 통치를 위해 파견되는 제국주의 국가의 관리는 식민지 언어를 필요에 따라 습득하여 활용할 뿐이다. 즉, 제국주의 국가는 식민지 국가와 완전히 분리하고 자원과 노동력 등의 경제적 이익만을 착취해 가는 형태라 할 수 있다.

이 유형은 네덜란드가 인도네시아를 통치(1602~1945)한 시기에 적용되었으나, 식민 국가의 극심한 저항에 직면했었다. 따라서 그 극단적인 성격으로 인해 지속적으로 실행되기는 어려웠으며, 식민 국가의 저항 정도에 따라 보다 유화된 정책인 동화주의나 자치주의로 전환되곤 했다.

동화주의(assimilation)

이 유형은 대부분의 제국주의 국가들이 식민지 관리를 위해 주로 사용한 정책이다. 이 유형은 인간은 기본적으로 동일한 특성을 갖고 있지만 환경의 차이로 인해 그 차이가 나타나기 때문에 환경의 변화를 통해 드러나 문화 간 차이점을 교정할 수 있으며, 교화는 교육을 통해 가장 효과적으로 이루어진다고 믿었다. 동화주의자들은 서로 다른 문명이 접촉하면 부분적인 접근이나 모방을 초월하여 종족과 문명의 특질마저도 융합 또는 동화될 수 있고 그 동화는 긍정적인 결과를 가져온다고 믿었다.

따라서 이들은 식민지 국가에 자신들의 언어와 문화를 적극적으로 전파시키려 노력했고, 제국주의 국가의 언어와 문화를 습득한 식민지 국민들에게 형식적으로는 제국주의 국가의 국민과 동일한 사회적 · 경제적 지위를 부여했다.

이 유형은 외견상으로는 후진국에 대한 문화적 계도와 경제 발전, 인류의 보편적 가치인 평등과 박애를 표방하고 있는 것처럼 보이지만, 실질적으로는 식민지 국민의 완전한 정신적 동화를 통해 지배를 영구화하려는 고도의 식민지 문화 정책이라 할 수 있다. 자신의 문화만을 선진화된 고등 문화라는 과장된 인식하에서 다양성을 갖고 있는 문화의 보편적 특징을 무시하고 식민지 국민을 2등 국민화시키는 기만적인 정책이라 할 수 있다.

이 정책은 식민지에 제국주의 국가와 동일한 교육 시스템을 적용하는 학교를 세우고, 이 학교를 통해 식민지 문화와 언어를 원천적으로 말살한다는 목표를 갖고 있다. 식민지 일반 대중 교육은 주로 기독교 선교사들이 맡음으로써 제국주의 국가의 언어 및 문화 교육과 함께 식민지 국민들의 종교도 기독교로 교체함으로써 인식 체계와 사고도 완전히 전환시킨다는 목표도 갖고 있었다.

동화주의를 실행한 대표적인 국가는 프랑스다. 프랑스의 식민지 정책은 기본적으로 식민지 국가를 정치적·문화적으로 완전히 프랑스화하는 것이었다. 특히, 프랑스는 프랑스 대혁명 이후 민족주의에 기반을 둔 평등과 박애 사상이 확산됨에 따라 그들의 정신과 가치를 식민지에 확산시키려는 강한 욕구를 발산했다.

프랑스는 역사적으로 국가 형성 자체가 다민족, 다문화 국가의 성격을 띠고 있어 이민족과의 동화에 기본적으로 특별한 거부감을 갖고 있지 않는 나라다. 이러한 국가적 특성은 동화주의를 발전시킬 수 있는 토대가 되었다. 따라서 일정 수준의 프랑스식 교육을 받고 프랑스 문화와 그 정신을 신봉하는 사람을 프랑스 시민으로 받아들이는데 프랑스인들은 특별한 거부감을 갖고 있지 않았다.

북아프리카와 아랍 지역의 프랑스 식민지였던 국가들이 독립 후에도 여전히 프랑스의 경제적·문화적 영향력 하에 남아 있는 프랑스어권국가(Francophonie)의 일원으로 자발적으로 남아있으려 하는 것은 프랑스가 시행한 동화주의 정책이 성공적으로 시행되었음을 보여주는 대표적인 사례라 할 수 있다.

자치주의(autonomy)

이 유형은 식민지 국가의 정체성을 보존한 채 제국주의 국가와 식민지 국가 간의 경제적·사회적 결합을 통해 식민지 국가의 발전을 도모하는 정책이다.

이 정책에서는 제국주의 국가의 언어는 식민지 국민에게 교육되지만 강요되지 않으며 식민지 국가의 언어가 존중되어 교육, 행정, 출판 등의 전 영역에 걸쳐 식민지 언어가 사용되었다.

이 유형은 제국주의 국가들 중 영국이 선호했다. 영국은 식민지 국가를 경제적으로 지배하고 예속시켰지만 정치적으로는 가능한 최대한의 자유를 허용했다. 문화적으로도 식민지의 전통 문화를 수용하였으며 그들의 언어도 허용되어 교육, 출판, 행정 등의 분야에서 사용되었다. 영국이 식민 지배했던 인도, 말레이시아, 미얀마 등의 아시아 국가와 아프리카의 16개 국가 등에서는 초등교육과정이 현지어 중심으로 교육이 이루어졌고, 영어 교육은 중등교육에서부터 시작되었다. 그러나 영국은 식민지 국민들 중 영어를 구사할 수 있는 자를 하급 관리로 채용함으로써 식민지 국민들이 영어와 영국 문화를 자발적으로 수용하게 했다.

일반인들에 대한 영어 교육은 영국인들이 직접 담당하지 않고 교육받은 일부 식민지 국민들이 대신 하게 하는 여과정책(filtration policy)을 시행하였지만, 이들 식민지 엘리트 계층들이 일반 대중과 분리됨에 따라 이 정책은 실패하였고, 대부분의 식민지 국민은 영어에 관한 한 문맹인 상태로 남게 되었다.

연합주의(association)

이 유형은 근대 식민지 정책이 도달한 결론으로서, 제국주의 국가는 식민지 국가의 정체성과 문화를 존중하고 이를 발전시키기 위한 정책적 지원을 해야 한다는 것이다.

이 유형은 식민지의 전통 문화를 인정한다는 측면에서 식민지 국민들이 지지하는 것은 분명하지만, 이 정책이 일관성 있게 시행되기보다는 종속주의나 동화주의 정책의 시행으로 인해 식민지 국민들의 반감과 저항이 커졌을 때 이들을 회유하기 위한 수단으로 일시적으로 시행되었다는 특징을 갖고 있다.

상기에서 파악한 것처럼 제국주의 국가의 식민지 언어 정책 유형은 그 강제성과 억압의 정도에 따라 종속주의→동화주의→자치주의→연합주의로 구분될 수 있지만 이들 정책의 변화는 식민지에서 소기의 목적을 달성하기 위한 전략적 선택이었을 뿐이다.

또한 제국주의 국가들은 식민지 국민들 중 일부 엘리트 계층을 선발하여 제국주의 국가에 충성하는 흉내내기자(mimicry)로 양성하였다. 이들은 식민지의 하급 관리직을 수행하며 식민 통치 기간에는 제국주의 정부를 대신하여 식민지 국민들의 불만을 해소하는 방패막이 역할을 수행했고, 독립 이후에는 신생 독립 국가의 주요 세력이 되어 독립 국가 건설을 주도하는 아이러니를 연출했다. 사상적·문화적·언어적으로 이미 제국주의 국민화되어 있었던 이들은 독립한 모국의 문화와 언어 정체성을 상실하고 자신의 나라를 문화제국주의로 끌어 들이는 첨병 역할을 수행했다. 이러한 현상은 북아프리카의 주요 국가들에서 쉽게 관찰할 수 있다.

식민 지배 기간 동안 흉내내기자를 자처했던 이들 소수 엘리트 계층들의 매국적 행위와 독립 후의 위선적 행위는 비난받을 수 있지만, 현실적으로 이들 외에 독립 국가 건설을 위한 정치·행정·외교·법률 등의 제도를 구축할 수 있는 엘리트 계층이 없었다는 한계는 어쩔 수 없었다.

참고 문헌

미우라 노부타카. 2005. 가스야 게이스케(엮음), 이연숙, 고영진, 조태린(역).『언어제국주의란 무엇인가?』. 돌베게.

이광석. 2008. "정책학의 관점에서 본 국어 정책의 의미와 방향".『한글』271.

이성연. 1988. "열강의 식민지 언어 정책에 관한 연구". 전남대학교 국어국문학과 박사학위논문.

조태린. 2010. "언어정책이란무엇인가?".『새국어생활』제20권 제2호. 국립국어원.

최현도, 이원국(역). 1986.『사회언어학』. R.A.Hudson. *Sociolinguistics*. 서울. 한신문화사.

Curtain Philip D. 1984. *Cross-Cultural Trade in World History*. Cambridge University Press.

Fanon, Frantz. 1967. *Black Skin*, White Masks. New York. Grove Press.

3장

지중해의 언어 전시장
모로코

지중해와 대서양, 북아프리카와 이베리아 반도를 연결하는 교차점에 위치하고 있는 모로코는 그 지리적 특징으로 인해 고대부터 페니키아, 반달, 베르베르, 그리스, 아랍, 스페인, 포르투갈과 프

모로코, 사진 출처:http://www.operationworld.org/
moro

랑스 등 수 많은 이민족이 거쳐 갔고 그 흔적과 유적들이 모로코의 역사와 문화 지층에 고스란히 남아 있다.

모로코는 7세기 이후부터 이슬람문화권의 지배를 받아왔으며 현재도 이슬람 국가로서의 국가 정체성을 갖고 있지만 모로코를 세밀히 관찰해보면 다른 이슬람 국가에서는 발견하기 어려운 이질적인 역사와 특징도 발견할 수 있다.

모로코는 이슬람화된 이후에 알무와히둔왕조(al-Muwahhidun, 1120~1269)와 마린왕조(Banū Marīn, 1195~1470) 등의 베르베르인들이 건설한 이슬람 왕조가 모로코의 이슬람 문화를 발전시켰고 이후 오스만 투르크와 스페인, 포르투갈, 프랑스 등의 식민 지배 과정에서 서구 기독교 문화가 모로코 기층문화의 한 층을 차지하고 있다.

따라서 모로코는 비록 이슬람과 아랍어를 국가 정체성의 핵심으로 헌법에서 강조하고 있으나, 실제로는 베르베르 토착문화와 이슬람 및 기독교가 혼합된 혼종 문화(hybridity culture)의 성격을 띠고 있는 다문화 국가로 정의할 수 있겠다.

모로코에서는 표준 아랍어, 모로코 구어체 아랍어, 베르베르어, 프랑스어, 스페인어와, 영어 등이 혼재되어 각각의 기능과 역할에 따라 다양하게 사용되고 있다. 국가 표준어인 아랍어뿐만 아니라, 프랑스어는 국가에서 공인된 외국어로서 그 위상을 확보하고 있고, 베르베르어도 2000년 모로코 교육개혁을 통해서 공용어로 채택되어 정식 교육기관을 통해 교육되고 있으며, 최근에는 글로벌화의 영향으로 영어가 빠른 속도로 확산되고 있다.

'지중해 언어 전시장'으로 불릴 만큼 다양한 언어들이 공존하고 있는 모로코 언어 변종들의 기능과 역할, 이에 대한 인식을 연구하고 실제 언어생활에서 구현 형태를 파악하는 것은 매우 흥미로운 작업이다. 특히, 1956년 독립 이후에 모로코 정부에 의해 수행된 아랍어화(Arabization) 정책이 모로코의 현 언어 상황에 끼친 영향과 2000년 교육개혁헌장(Chapter for Educational Reform)이 가져온 변화를 분석하고자 한다.

다양한 형태의 언어 변종들이 공존하는 언어 혼종 사회의 특징을 파악하고 이질적인 성격의 언어들이 특정 언어 공동체에서 서로 교류하는 형태를 모로코에서 발견할 수 있기 때문이다.

모로코의 언어들

모로코의 언어 상황은 제국주의 침략과 지배가 시작된 20세기를 전후로 뚜렷이 구별되는 양상을 보인다. 20세기 이전 모로코의 언어 상황을 아랍어가 지배하는 양층언어(diglossia) 사회 또는 모로코의 기층언어라 할 수 있는 베르베르어와 아랍어의 이중언어(bilingualism) 사회로 규정짓는다면, 20세기 이후는 여기에 유럽 제국주의 정책을 통해 이식된 프랑스어, 스페인어와 영어 등이 더해진 다중언어현상(multilingualism)으로 규정지을 수 있을 것이다.

따라서 현재 모로코에서 사용되고 있는 언어 변종은 표준 아랍어, 모로코 구어체 아랍어, 베르베르어, 프랑스어, 스페인어와 영어 등이 혼재되어 있으며 상황에 따라 다양한 언어 변종들이 선택적으로 사용되고 있다 할 수 있다.

모로코에서 현재 공존하고 있는 이들 언어 변종들 중 그 어떤 언어 변종도 언어가 수행하는 모든 기능(기록, 의사소통, 교육, 행정 등)을 통합적으로 수행하고 있는 변종은 없다. 즉 모로코 언어 공동체는 각각의 언어 변종들이 각각의 영역에서 고유한 기능을 수행하고 있는 모자이크 형태로서 각 변종들이 상호 보완하는 구조를 갖고 있다 할 수 있다. 따라서 모로코의 언어 상황을 파악하기 위해서는 특정 언어 변종만으로는 전체적인 구도를 파악할 수 없기 때문에 이 모든 언어 변종들의 기능과 역할을 포함한 종합적인 시각과 이해가 필요하다 하겠다.

모로코인의 자긍심 현대표준 아랍어

모로코 헌법에서는 다른 아랍 국가처럼 아랍어를 유일한 공식 국어(official national language)로 규정하고 있다. 모로코 헌법에서 규정하고 있는 아랍어는 현대표준 아랍어로서 이 변종은 다른 아랍어 공동체처럼 공식 상황에서 제한적으로 사용되는 문어체 아랍어다.

현대표준 아랍어는 7세기 모로코가 아랍인들에 의해 이슬람화된 이후 국가 공용어로서 사용되어오고 있지만, 1912년 프랑스의 보호령이 되어 식민 지배를 받은 시기에는 무슬림 학교에서만 외국어처럼 제한적으로 교육되는 수난을 겪기도 했다.

1956년 독립 이후 민족 정체성과 언어 정체성 회복을 위해 국가 차원에서 시행된 아랍어화 정책을 통해 현대표준 아랍어는 그 권위와 위상을 상당 부분 회복하였고 모로코의 공식어이자 교육어, 행정어로서 지정되었다.

이 변종은 공식적으로는 모로코 국가 정체성의 상징으로 간주되지만, 높은 문맹률(32.9%, 2011기준, 미국 CIA 보고서)과 학습을 통해 습득하는 2차 언어, 난해한 문법, 현대 사회, 과학, 기술 용어의 부재 등으로 인해 일반 대중의 언어로 발전하지는 못했다. 또한 독립 이후 모로코의 저조한 경제 발전, 유럽 문화의 강력한 유입과 글로벌화의 영향 등으로 인해 모어 화자들과 융합되지 못한 채 제한적 상황의 격식어로 사용되는 '불편한 언어'로 간주되게 되었다. 즉, 아랍어의 부흥을 위한 아랍어화 정책이 제한적인 성공을 거두는 것에 그침에 따라 현대표준 아랍어는 국가 공용어로서의 역할과 기능을 다하

지 못한 채 프랑스와 영어 등에게 공용어의 기능을 상당 부분 양도
하는 상황에 처해 있다.

모로코의 생활 언어 모로코 구어체 아랍어

'다리자(dārija)'로 불리기도 하는 모로코 구어체 아랍어는 모로코
인들이 자연스럽게 습득하는 사실상의 모어다. 이 변종은 7세기 북
부 아프리카에 이슬람이 확산될 당시 이슬람 정복군의 일부였던 아
라비아 반도의 힐랄(Banī Hilāl) 부족 방언이 당시의 기층어인 베르베
르어와 융합되어 파생된 변이형으로 파악된다.

모로코 구어체 아랍어는 아랍 동부 지역[1] 구어체 아랍어와 형태,
어휘, 발음과 음운 등에서 많은 차이점이 있다. 이는 마그립 지역의
기층어인 베르베르어의 영향과 중세 이후 스페인와 프랑스의 식민
지배를 받는 과정에서 다수의 외국어가 모로코 구어체 아랍어와 융
합 및 혼종의 과정을 거쳤기 때문인 것으로 판단된다.

모로코 구어체 아랍어는 분포 지역에 따라 도시 아랍어, 산악 아
랍어, 베두인 아랍어로 구분되기도 하는데 이는 모로코의 생태적 환
경을 반영한 것으로 이해된다. 일반적으로 아랍 동부 지역의 아랍어
는 도시 아랍어, 시골 아랍어, 베두인 아랍어로 구분하는 데 비하여
모로코에서는 시골 아랍어 대신 산악 아랍어로 구분되는 것은 모로
코 북부에 동서로 걸쳐 있는 아틀라스 산맥 등 산악 지역이 광범위
하게 분포되어 있는 모로코의 지리적 특징이 반영되었기 때문이다.

모로코 구어체 아랍어 역시 각 지역 변종 간 언어적인 차이에도

---

1) 아랍을 동부와 서부 지역으로 구분할 때 그 경계는 나일 강이다.

불구하고 각 변종의 화자들 간 의사소통 장애는 발생하지 않으며, 사용하는 변종을 통해 화자의 출신을 파악할 수 있는 점은 다른 지역 아랍어 공동체와의 공통점이라 할 수 있다.

모로코 구어체 아랍어는 언어적 품위를 갖추지 못한 하위 변종으로 인식되며 비공식적인 상황에서 사용되는 변종으로서 문자화되어 있지도 않고 표준화되어 있지도 않다.

사회 언어학적 측면에서 이 변종은 동질성을 갖춘 언어 변종이 아니라 지역(도시-베두인-산악), 성별과 사회 계층(정주민과 유목민, 직업, 교육 수준 등) 등에 따라 다양한 형태를 갖고 있다. 특히 모로코 남쪽에 주로 분포해 있는 하산(Hassaniya) 방언[2] 등의 베두인 구어체 아랍어는 각 부족 단위로 이질적인 형태를 보이고 있어 그 변종의 형태를 유형화하기도 어렵다.

그러나 이 변종은 기본적으로 모로코인들의 모어이기 때문에 다양한 언어 변종이 사용되고 있는 모로코에서 각 언어 집단 간의 의사소통을 위한 매개어(lingua franca)의 기능을 적절히 수행하고 있다.

모로코의 기층언어 베르베르어

베르베르어는 어족 분류상 햄어(Hamitic language)에 속하며 이 언어는 북부 아프리카의 마그립지역에 주로 분포해 있다. 모로코에서 사용되고 있는 언어 변종 중 베르베르어는 연대기적인 측면에서 최고어(最古語)이기 때문에 모로코의 기층언어로 간주된다.

---

2) 하산(Hassaniya) 방언은 아라비아 남부 지역에서 사용되던 방언으로서 13~15세기에 걸쳐 마낄(Banu Macqil) 부족에 의해 모로코 남부 지역과 서부 사하라 지역에 확산되었다.

베르베르어의 기원에 대해서는 유럽과 아시아 대륙 이주민들 언어의 혼합된 형태라는 주장과 신석기 시대 서아시아에서 북아프리카로 이주한 이주민들의 언어라는 등 다양한 가설들이 제시되고 있지만 아직 정설로 수용된 이론은 없다.

북아프리카에 정착한 베르베르인[3]들은 이후 페니키아, 카르타고, 그리스, 로마, 반달, 아랍·이슬람과 유럽 제국주의 국가 등 지중해의 다양한 문화의 지배를 받는 과정에 상층 문화에 노출된 정도에 따라 지역별 특징을 갖게 되었고 이는 베르베르어에도 반영되었다.

베르베르인들은 7세기 이후 이슬람을 수용하였고 현재도 많은 베르베르인들이 무슬림이 되었지만, 이슬람의 언어인 아랍어를 수용하지는 않았고 자신들만의 언어인 베르베르어를 고수하고 있다. 그러나 이슬람화된 이후 14세기에 걸친 오랜 기간 동안 아랍·이슬람 문명이 베르베르인들에게 영향을 끼침에 따라 베르베르어에 아랍어가 지대한 영향을 끼친 것은 당연한 귀결이라 하겠다.

마그립 지역은 사하라 사막과 아틀라스 산맥에 의해 분리되어 있어 이 지역에 거주하는 베르베르인들은 동일 민족으로 분류되지만 그들의 생활 형태는 구분되며 이들이 사용하는 언어인 베르베르어 역시 각 부족에 따라 음운, 어휘, 형태 등에서 다양한 특징과 차이점을 보이고 있다. 이러한 언어적인 차이로 인해 베르베르어의 화자들은 부족과 거주 지역이 다를 경우 상호 의사 소통에 장애가 발생하며 이들 간의 의사 소통을 위해 모로코 구어체 아랍어를 사용하기도 한다.

---

3) 이들은 자신을 '자유인'이란 의미의 'Amazigh'로 불리기를 선호한다.

모로코의 베르베르인들, 사진 출처 http: //imgkid.com/moroccan-berber-people.shtml

베르베르어는 그 사용 지역에 따라 주로 모로코 중부와 아틀라스 산맥 중부 지역에서 약 3백만 명의 화자가 사용하는 타마지그어(Tamazight), 모로코 서남부 지역과 알제리에서 약 2백 5만 명의 화자가 사용하는 타체히트어(Tachelhit), 모로코 동부 지역인 리프(Riff) 산맥 지역과 알제리에서 약 1백 3십만 명의 화자가 사용하는 타리피트어(Tarifit)로 구분할 수 있다.[4)]

베르베르어가 사용되기 시작한 것은 약 5,000년 전부터이지만 이 변종을 사용하는 원화자들의 생태적인 환경의 특성상 고유의 문자 체계를 최근까지 갖지 못했고 표준화 작업도 이루어지지 않았다. 지

---

4) 모로코에서 베르베르어 화자 수에 대한 정확한 통계는 없다. 다만 2004년 조사에 의하면 모로코 인구의 30% 이상이 베르베르어를 사용하는 것으로 추정하고 있다.

역 방언으로서 공식적으로 인정받지 못했고, 구어체 언어이며 문자 체계를 갖추고 있지 못했다는 한계점 때문에 언어의 성문화와 표준화를 이루지 못했다.

최근에 이르러서야 모로코 교육성과 모로코왕립아마지그문화연구소(Institute Royal pour Culture Amazigh en Maroc, IRCAM)의 적극적인 노력으로 문자화 작업이 시도되었고, 그 결과 고대 티피나그어(Tifinagh)[5] 문자에 기원을 둔 베르베르어 문자 체계를 만들어냈다. 이 문자 체계는 베르베르어중 가장 많은 화자가 사용하는 타마지그어에서 사용되는 문자 체계로서, 베르베르어의 또 다른 변종인 타체히트어와 타리피트어에는 적용되지 않는다.

타마지그어를 중심으로 베르베르어의 문자 체계가 정비됨으로써 베르베르어는 개별 언어로서 발전할 수 있는 언어적 기반을 확보하게 되었다. 베르베르어를 모로코의 공식 언어로 지정하기 위한 베르베르인들의 끈질긴 노력으로 인해 2000년 시행된 모로코의 교육개혁헌장에서는 베르베르어를 모로코의 공식 언어로 지정하였고 공공교육 기관에서 교육을 할 수 있는 기반을 마련했다.

그 결과 타마지그어는 모로코의 317개 초등학교에서 교육할 수 있게 되었고 이 변종을 교육하는 교사도 20,000여 명에 이르게 되었다.

또한 언론 매체에서도 사용되어 모로코 제1, 2TV에서는 뉴스를 베르베르어로 방송하고 있고 각종 인쇄 매체가 베르베르어로 출판되

---

5) 페니키아 문자에 기원을 둔 문자 체계로서 BC 3세기 이후 마그립지역에서 사용된 고대 문자 체계의 일종이다.

고 있다. 거리의 각종 안내판과 상업 광고에서도 아랍어, 프랑스어와 함께 베르베르어가 병기됨으로써 베르베르어는 명실상부하게 모로코의 공용어로서 자리 잡고 있다.

아랍어-베르베르어-프랑스어를 병기한
모로코의 표지판

베르베르어 중 문자 체계를 확립한 타마지그어가 공용어로서 공식 지정되고 그 지위가 상승함에 따라 타마지그어는 베르베르인들의 문화적 정체성의 핵심으로 간주되고, 이 언어 변종의 사용을 통해 모로코와 인근 마그립 국가에 분포해 있는 베르베르인들을 문화적으로 결집·통일시키는 매개 역할을 수행하고 있다.

모로코인에게 가깝지만 먼 언어 스페인어

스페인과 모로코는 지브롤타 해협을 경계로 마주 보고 있어 지리적으로 매우 인접해 있다. 스페인어의 모로코 영향은 16세기 모리스코(Morisco)[6]의 모로코 이주에서 시작되었지만, 1860년 스페인의 모

---

6) 스페인의 무슬림.

로코 점령 이후 스페인어의 모로코 확산이 본격화되었다.

모로코를 식민 지배한 스페인은 카스티리아어(Castilian)를 모로코의 공식어로 지정했고 스페인어의 확산 정책을 시행했다.

스페인 식민정부는 모로코에 스페인식 교육 과정을 적용한 서구식 교육 제도를 실행하였지만, 이는 주로 모로코에 거주하는 스페인인을 위한 교육 제도이자 기관이었으며 원주민인 모로코인에 대한 교육에는 무관심하거나 제한적이었다.

이는 스페인 정부가 모로코를 스페인식으로 문명화하겠다는 의지를 갖고 있지 않았기 때문에 스페인어의 확산을 위해 일관적이며 지속적인 정책을 수행하지 않았기 때문이다. 즉, 스페인 정부는 모로코인들이 스페인어를 습득하였다 해도 이에 대한 아무런 사회적 보상을 지불하지 않았다.

따라서 모로코인들이 스페인어를 습득해야 할 사회적 · 경제적 요인이 없었기 때문에 모로코에서 스페인어 확산은 한계가 있을 수밖에 없었다.

그럼에도 불구하고 지리적 근접성과 유럽 진출을 위한 통로로서의 스페인의 역할 등 다양한 요인으로 인해 스페인 문화와 언어의 영향은 모로코에서 지속되고 있다. 현재에도 모로코령의 세우타(Ceuta)와 멜릴라(Mellila)는 모로코 내의 스페인 자치 도시로 남아 있으며, 세르반테스 연구소(Institutos Cervantes) 등의 스페인 연구소가 활동 중이다.

현재도 모로코의 사립 학교중에는 스페인의 커리큘럼을 적용하는 학교(11개교)가 있으며, 4,723명(2008년 기준)이 모로코 학생이 재학 중인 것으로 조사되었다.

모로코의 문명어 프랑스어

　모로코의 프랑스어 유입은 프랑스가 모로코를 보호령으로 식민 지배를 한 1912~1956년 사이에 본격적으로 이루어졌다. 이 기간 동안에 프랑스어는 모로코의 공식어이자 모든 교육용 언어로 사용되었고, 수많은 프랑스어(특히, 과학 기술분야)가 표준 아랍어에 차용되었다. 과학과 기술 분야가 극도로 낙후되어 있었던 모로코의 입장에서는 식민 지배 상황에서 엄청나게 유입되는 프랑스어에 무방비 상태로 노출될 수밖에 없었고, 프랑스 과학 기술 용어에 대응할 수 있는 아랍어 어휘를 조어할 능력도 준비도 없었다.

　또한 프랑스 정부는 스페인과 달리 프랑스어 확산과 보급에 막대한 노력을 기울였고, 프랑스어를 습득한 모로코인들에게 취업과 승진 등의 사회적 혜택을 부여함으로써 모로코인들이 프랑스어를 습득할 동기를 제공했다.

　프랑스의 프랑스어 확산 정책은 모로코만의 상황이 아니라 알제리, 튀니지, 레바논 등 식민 상태의 다른 아랍 국가와 베트남 등의 동남아시아 국가에서도 공통적으로 적용했고 이는 프랑스 식민지 국가에서 프랑스어의 확산과 정착으로 귀결되었다.

　1956년 독립 이후에도 모로코에서 프랑스어의 영향력은 크게 감소하지 않았다. 현대표준 아랍어를 부흥시키려는 아랍어화 정책이 꾸준히 지속되었지만, 식민기간을 통해 이미 확고히 자리 잡은 프랑스어의 역할을 현대표준 아랍어가 대체하기에는 한계가 있었다.

　따라서 독립 이후에도 기술과 경제, 법학 등의 고등 교육 분야에서 프랑스어가 교육용 언어로 여전히 사용되었고, 현대표준 아랍어는 정부의 보급 및 발전 노력에도 불구하고 이슬람의 전통 학문이 아닌 현대 학문 분야에서는 제한적으로 사용될 뿐이었다.

프랑스어 교육도 독립 후 일시적으로 제한되었지만, 현재 대부분의 모로코 초등학교에서 제1외국어로 교육되고 있고, 거의 모든 대학에 프랑스어문학과가 개설되어 있다. 모로코 교육성과 주 모로코 프랑스 대사관이 후원하는 9개의 프랑스 연구소는 모로코에서 프랑스어를 교육하는 교사 교육을 담당하여 양질의 프랑스어 교사가 해마다 배출되고 있다.

모로코인들에게 프랑스어는 프랑스 식민 지배의 영향뿐만 아니라 현대 서구 문명의 언어와 풍요로운 문화의 언어로 인식되어 모로코 중산층과 지식인 계층은 프랑스어를 문화어, 실용적인 언어, 직업에 필요한 언어로 받아들이고 있다.

결국 프랑스어는 모로코에서 법적으로 어떠한 보호도 받지 못하고 있지만, 현대표준 아랍어가 사용되기 어려운 분야와 영역에서는 실질적인 공용어로서의 위치를 점하고 있다 하겠다.

글로벌 시대의 언어 영어

프랑스의 식민 통치 시대에 영어는 아랍어와 함께 선택 외국어로 교육되었지만, 독립 이후 영어가 국제어로 부상하면서 영어에 대한 관심이 폭발적으로 증가하고 있으며 최근에 모로코인들은 프랑스어 이상으로 영어 교육에 치중하고 있다.

알부베크리(Elboubekri)의 2013년 조사에 의하면, 모로코인들은 '글로벌화를 통한 영어 제국주의가 모로코의 전통 문화를 훼손할 가능성이 크다'라는 생각에 동의(76%)하면서도, 절대 다수의 모로코인들은 영어가 프랑스어나 스페인어보다 더욱 유용하다는 것에 동의(99%)했다고 밝혔다.

모로코의 교육 정책 입안자들도 글로벌화된 세계에서 영어의 역할과 중요성을 인식하고 교육 과정 개편을 통해 영어 교육을 강화하고 있고, 2004년에는 영어가 공교육에서 정식 교과목으로 채택되기에 이르렀다.

이는 영어를 모어로 하는 미국의 영향력을 반영한 것으로서 미국의 국제적 영향력이 향후에도 증가할 것이라는 상황을 고려할 때, 모로코에서 영어의 영향력도 더욱 확대될 것으로 판단된다.

알라는 아랍어로 말하지만, 현대 모로코인은 프랑스어로 말한다

역사적인 관점에서 모로코의 기층언어는 베르베르어다. 그러나 7세기 모로코가 아랍·이슬람화된 이후 기층언어였던 베르베르어는 일부 산악 지역과 유목민들이 언어로 제한되어 사용되고 아랍어가 공용어로 사용되는 이중언어 현상이 모로코에 나타났다. 이후 스페인의 지배를 통해 스페인어가, 프랑스어의 지배를 통해 프랑스어가 모로코에 확산되고 최근에는 글로벌화의 영향으로 영어의 사용이 확산되면서 모로코는 베르베르어, 아랍어, 스페인어, 프랑스어와 영어가 혼재되어 사용되는 다중언어집단으로 변신하고 있다.

스페인과 프랑스 등의 식민 지배가 있기 이전 모로코에서는 전통적으로 사용되고 있던 언어 변종인 고전 아랍어, 모로코 구어체 아랍어, 베르베르어 등은 그 사용영역이 지리적·사회 계층적으로 비교적 분명하게 구분되었기 때문에 상호 충돌이 일어날 가능성은 크지 않았으며 화자들은 상황에 따라 고전 아랍어, 모로코 구어체 아랍어 또는 베르베르어를 적절히 구사하는 말씨바꾸기 전략을 구사했다. 즉, 본인의 출신과 학문적 배경, 사회적 지위 등에 따라 2~3개의 언어 목록을 갖고서 상황에 따라 적절하게 변종을 선택하여 발화하는 아랍인들의 일반적인 말씨바꾸기 형태를 모로코에서 발견할 수 있었다.

그러나 이러한 상황은 19세기 스페인과 프랑스가 모로코를 식민 지배하며 지배 국가의 언어인 스페인어와 프랑스어 등이 모로코에 확산되며 모로코의 언어 상황은 이전과 판이하게 다른 양상을 띠었다. 특히 프랑스의 44년(1912~1956)간의 지배를 거치면서 모로코의 언어 상황은 일대 전환기를 맞이했다.

프랑스 정부는 모로코의 종교적, 정치적 자치는 허용했지만 언어적 자유는 허용치 않았다. 프랑스는 모로코의 사회 구조 자체의 붕괴를 원하지는 않았지만, 모로코 사회의 이념적·문화적 연대 의식은 해체시키려 했다. 즉, 이슬람으로 상징되고 통일되는 모로코인들의 사회적·종교적 연대감을 해체시키고 아랍인과 베르베르인들 간의 문화적 연대 의식과 동질감을 와해시키고 현대화(modernity)라는 미명하에 모로코의 프랑스화를 시도했다.

프랑스가 의도한 현대화는 에스포지토(Esposito)의 언급처럼 모로코인들이 프랑스 사람처럼 옷을 입고, 프랑스어를 말하고, 프랑스인처럼 사고하며 교육받는 것이었다.(Esposito, 1999, 14) 그러나 이런 과정을 통해 현대화된 모로코인들이 프랑스인과 동일한 법적·사회적 지위를 보장받고 프랑스 주류 사회에 유입하도록 허락한다는 의미는 물론 아니다. 비록 현대화된 모로코인이라 할지라도 이들은 실질적으로 프랑스의 2등 국민으로 남았고 모로코의 식민지 통치를 원활하게 하기 위한 조절판의 역할을 할 뿐이었다.

프랑스가 제국주의정책을 통해 지배한 식민지 국가에서 실행한 식민지 정책은 거의 모든 국가에서 예외없이 식민 국가를 과거의 역사와 단절시키고, 국민들을 이념적·정치적으로 분열시킴과 동시에 프랑스 문화를 주입하는 것이었다. 일단 이식된 프랑스 문화는 식민지 국가가 독립 이후에도 계속되도록 유지하는 정책을 펼쳤다.

모로코의 현대화를 위한 수단으로서 프랑스 정부는 우선 모로코 인들의 언어적·문화적 연대 의식을 해체하고, 그 자리에 프랑스어를 이식시키려 했다.

언어는 문화와 문명 공동체의 가장 중요한 지표이며, 특히 이슬람 국가에서 언어는 문화, 종교 공동체의 중요한 핵심으로 간주된다. 이슬람 국가에서 아랍어의 이러한 중요성과 특수성을 파악하고 있던 프랑스는 그들이 '문명화 사업(Mission Civilisatrice)'이라 명명한 식민지 문화 정책 특히, 프랑스어 유입을 통해 모로코의 종교적, 문화적 연대 의식을 해체하려 했다.

프랑스가 모로코 아랍인과 베르베르인들 간의 종교적·사회적 연대감을 단절시키기 위해 실행한 정책이 다히르 베르베레(Dahir Berbère)다. 이 제도는 모로코의 베르베르인들에게는 이슬람 율법인 샤리아(Sharia) 대신, 전통적이며 세속적인 베르베르 법률을 적용하는 것이었다. 물론, 이 제도는 명목상으로는 베르베르인의 권리와 재산권을 보호하겠다는 명분을 내세웠지만, 실질적인 목적은 베르베르인들이 차지하고 있던 토지를 재분배 과정을 통해 프랑스가 합법적으로 차지하는 것과, 아랍인과 베르베르인들 간의 연대감 해체와 사회적 단절이 주요한 목적이었다.

프랑스 정부는 베르베르인들은 베르베르·프랑스 학교에서 공부하도록 했고 베르베르인들을 위한 재판소가 별도로 설치되었으며 이 재판소에서는 베르베르 법률을 적용하였다. 이러한 일련의 제도와 과정을 통해 베르베르인들을 이슬람 법 체계 및 영향으로부터 분리시키는 정책을 실행했다.

프랑스 정부의 식민지 지배와 관리는 '정복-정착-예속'의 3단계를 통해 진행된 것으로 파악된다. 정복 단계에서는 상업 교역단 등을 통해 경제적 영향력을 확대시키고, 상인들의 자국민 보호를 위해 군대를 주둔시켰다.

정착 단계에서는 식민지 국가에 모로코의 발전과 문명화라는 명분을 앞세워 프랑스 학교를 점차 확대해나갔고 식민지 국민의 정신적 연대를 해체하기 위해 아랍어와 이슬람 교육을 제한하고 프랑스어의 이식과 프랑스식 교육 체계를 식민지 국가에 적용했다. 이러한 과정을 통해 모로코인들이 자신들의 전통 문화를 망각하고 프랑스 문화를 점차 수용해가도록 유도했다.

프랑스 학교의 교육용 언어는 당연히 프랑스어였으며 아이들은 일상생활에 필요한 프랑스어를 점차 배워나갔고 이중 학습 능력이 뛰어난 아이들에게는 고등 교육을 받을 기회와 함께 보다 우월한 사회적 지위를 차지할 기회가 주어졌다.

고전 아랍어는 교육 과정에 포함되어 있었지만, 이슬람학에서만 제한적으로 사용되었다. 그 결과 전통적인 아랍·이슬람 언어 공동체의 양층어 구조에서 상층어로 사용되던 고전 아랍어는 새로운 상층어인 프랑스어와 전통적인 하층어인 모로코 구어체 아랍어의 중

간 단계로 격하되었다. 또한 독립 이후에도 그 위상을 회복하지 못하고 프랑스어가 경제, 문화, 외교 등 사회 주요 영역의 제1언어로 사용되는 것을 허용할 수밖에 없었다. 즉, 정치적으로는 독립하였지만 언어적으로는 여전히 프랑스에 예속된 상태로 남게 되었다.

프랑스의 식민 지배를 경험한 북부 아프리카의 아랍 이슬람 국가들은 독립이후에도 프랑스의 경제적·문화적·언어적 예속으로부터 벗어나지 못하였으며 모로코 역시 예외는 아니었다.

1956년 독립한 모로코는 다른 대부분의 제국주의 식민지를 경험한 국가들처럼 제국주의 국가로부터의 식민 잔재 탈피와 민족 주체성 회복을 위한 각종 개혁 운동에 착수했다. 언어적인 측면에서 모로코는 식민지 시대 이전 1,000년 이상 사용되어온 고전 아랍어의 회복을 통해 언어 주체성과 정체성을 되찾으려는 노력을 기울였다. 이러한 노력의 구체적인 정책적 실현이 아랍어화였다.

아랍어화 정책과 한계

1956년 독립 이후에 모로코 정부가 시행한 아랍어화 정책은 아랍·이슬람 국가의 정체성을 회복하기 위한 노력의 일환이었다. 아랍어의 현대화(modernization)와 표준화(standardization)를 지향한 아랍어화 정책은 식민 종식과 함께 단일 역사를 가진 현대 국가로서 모로코의 국가 정체성을 회복하기 위한 정책으로서 모로코뿐만 아니라 대부분의 아랍 국가들이 독립 이후에 공통적으로 취한 정책이었다.

특히, 모로코의 아랍어화 정책은 1960년대에 프랑스의 영향으로

부터 벗어나기 위해 강력하게 추진되었고, 이 정책의 목표는 교육과 행정 등의 분야에 만연되어 있는 프랑스어를 현대표준 아랍어로 대체하고 베르베르인들에게도 이 변종을 확산시키는 것이었다.

모로코의 무함마드 5세(Mohammed V) 국왕(1909~1926)은 모로코의 공식어로서 현대표준 아랍어를 선포했고, 대부분의 프랑스 학교는 사립학교로 전환시켰다. 프랑스계 사립학교에서는 아랍어가 외국어로 교육되고 프랑스어는 3학년부터 교육되며, 고등교육의 언어로서 사용되었다.

아랍어화 정책의 전체 과정은 1960년 무함마드 5세 대학에 설립된 아랍어화연구소 (L'Institut d'Études et Recherches pour l'Arabisation)에 의해 주도되었다.

아랍어화 정책과 교육은 초등학교 저학년에서 시작하여 고등교육 단계로 확산되었다. 1965~1980년 동안 초등학교 4학년 과정까지 모든 교육은 아랍어로 진행되었고, 중등학교에서는 25~50% 정도 아랍어로 교육이 이루어졌다. 1988년에는 대학 교육도 부분적으로 아랍어로 진행되었다.

정부 주도로 이루어진 아랍어화 정책은 현대표준 아랍어 교육의 확산과 사용 영역의 확대 등 일부 성공을 거두었으나, 초등교육에서 고등교육까지 모든 교육을 아랍어로 진행하고 모든 행정어를 아랍어로 대체하는 등 아랍어화 정책의 궁극적인 목표를 달성하지는 못했다.

아랍어화 정책은 모로코 국민들의 감정적 지지를 받았지만, 모로코에 깊게 뿌리내린 프랑스 문화의 영향과 모로코인들의 친서방적인 성향 때문에 아랍어화 정책은 순조롭게 진행되지 못했고, 제한적인 성공에 그칠 수밖에 없었다.

모로코에서 아랍어화 정책이 제한적인 성공을 거둘 수밖에 없었던 원인은 언어적인 요인뿐만 아니라 정치적, 사회적, 문화적 요인 등을 포함한 구조적인 문제점을 안고 있었기 때문이다.

첫째 언어적인 요인은 아랍어 자체의 문제점이었다.

알려진 것처럼 아랍어화를 통한 부흥의 목표 언어인 현대표준 아랍어는 7세기 꾸란이 기록될 때 사용된 고전 아랍어를 근간으로 하고 있고 13세기 압바시야왕조가 붕괴되고 아랍·이슬람의 침체기로 접어든 이후 700여 년 동안 언어로서의 발전을 이루지 못하고 정체 상태에 있었다. 고전 아랍어를 평이화했다는 현대표준 아랍어는 여전히 난해한 문법과 현대 사회가 요구하는 어휘의 절대적 부족, 교육을 통해 습득되는 2차 언어로서의 한계를 극복하지 못하고 있었다.

교육 방식에 있어서도 암기 중심의 전통적인 아랍어 교육 방식을 고수했고, 교육을 담당할 교사도 절대적으로 부족했다. 따라서 오랜 정체기를 겪으며 현대의 변화된 사회와 국제 환경에 대응할 수 없었고, 개별 언어로서의 충분한 현대화가 이루어지지 않았던 현대표준 아랍어로서 현대 학문과 과학 기술 분야의 교육은 근본적으로 한계가 있을 수밖에 없었다.

그 결과 대학의 인문학 부분에서는 아랍어와 프랑스어의 이중언어로 교육이 진행되었고, 기술과 자연 과학 분야에서는 프랑스가 독점적으로 사용되었다. 또한 정부 및 관공서의 행정 문서에서도 현대표준 아랍어로의 단독 표기는 불가능했고 아랍어와 프랑스어의 이중 병기를 수용할 수밖에 없었다.

둘째는 모로코의 언어 상황에 대한 모로코 정부의 진단 오류다.

민족주의 성향의 독립 모로코 지도층은 아랍어화 정책의 강력한 추진을 통해 프랑스어가 만연된 모로코의 언어 상황을 혁신할 수 있다고 믿었지만 이는 착각이었다. 무엇보다 이미 다중언어사회로 변질되어 있는 모로코 사회의 현실을 외면함에 따라 잘못된 진단을 내렸고 이에 기반한 정책은 실패할 수밖에 없었다.

또한 프랑스 식민 정부가 모로코 일반인들의 교육을 등한시한 결과로 인해 모로코의 문해율은 1956년 독립할 당시 남성 10%, 여성은 6%에 불과했다.[7]

이는 모로코인들이 현대표준 아랍어를 모어로 수용할 충분한 준비가 되어 있지 않음을 의미한다. 더구나 전술한 것처럼, 여전히 난해한 현대표준 아랍어와 이를 교육할 교사가 없는 상황에서 아랍어화 정책의 추진은 한계가 있을 수밖에 없었다.

결국, 독립과 아랍어화 정책이 모로코에서 현대표준 아랍어의 보급과 프랑스어의 종말을 고하는 것은 아니었으며, 프랑스어는 제1외국어로서 여전히 교육되고 고등 교육 분야와 행정에서는 여전히 제1언어로 사용되었다.

따라서 '알라는 아랍어로 말하지만, 현대인은 프랑스어로 말한다 (Allah speaks Arabic, but modernity speaks French.).'라는 풍자는 현대 모로코의 언어 상황을 잘 대변해주고 있다 하겠다.

셋째는 관료들의 친 프랑스적 경향이다.

모로코 독립을 추진하고 독립 후 모로코 정부를 이끈 인물들은 민

---

7) 2011년 현재 모로코의 문해율은 67.1%(남성 76.1%, 여성 57.6%)에 달한다.(CIA World Factbook) https://www.cia.gov/library/publications/the-world-factbook/geos/mo.html

족주의자들도 있었지만, 친프랑스적인 인사들이 대부분이었다. 이들은 식민시대부터 프랑스식 교육을 받은 엘리트 계층이었으며 이들은 독립 후에 모로코의 지도층을 형성했다.

이들의 교육 배경을 통해 볼 때 이들은 이미 친프랑스적인 성향을 띠고 있었으며 본인의 정치적·사회적 기득권 유지를 위해서도 독립 모로코는 친프랑스적인 성향을 띤 국가여야 했다. 따라서 이들은 독립 이후에 민족 주체성 회복을 기반으로 한 아랍어화 정책을 시행하는 듯했으나 근본적으로 이 정책을 지지하지는 않았으며 시늉에 그칠 뿐이었다.

따라서 독립 모로코의 정책 결정자와 행정부는 아랍어화 정책을 일관되게 유지할 능력도 준비도 부족했으며 의지도 크지 않았던 것으로 판단된다.

이는 모로코가 독립 이후에도 프랑스식 교육 체계를 여전히 유지했으며, 공식 교육프로그램에 프랑스어가 여전히 남아 있었다는 점에서도 확인할 수 있다.

넷째는 베르베르인의 불만과 저항이다.

아랍어화 정책은 모로코 인구 구성의 한 축인 베르베르인들에게도 지지를 받지 못했다. 아랍어화 정책은 베르베르어에 대한 탄압으로 이어지고 궁극적으로는 베르베르어를 사라지게 할 것이며, 사회적 차별을 받고 있는 베르베르인들에게 더욱 불리한 환경을 조성할 것이라고 의심을 불식시키지 못했다.

1980년대 이후 베르베르인들은 표준 아랍어를 수용하기보다는 자신의 언어와 전통 문화를 보존하기 위한 운동을 시작했다. 베르베르의 전통 문화 회복을 주장하던 6개 단체가 모여 1991년 8월 5일아가디르(Agadir)헌장을 발표하기에 이르렀다.

　이 헌장에서는 아마지그어를 모로코 문화 정체성의 핵심으로 지정하고 베르베르인들에 대한 사회적·문화적 차별의 부당성과 아마지그어를 공식어로 지정하지 않는 것에 대한 부당성을 강조하였으며 아마지그어의 표준화와 성문화를 위한 연구소 설립을 요청했다.

　베르베르인들의 이러한 요구는 2000년 모로코의 교육 개혁에서 결실을 거두었다.

　2000년 모로코의 교육개혁헌장에서는 향후 모로코의 교육 정책 방향에 대한 구체적인 내용들을 담고 있었다. 언어 교육과 관련하여 이 헌장의 제110조에서는 현대표준 아랍어 교육의 강화, 교육의 목적에 따라 적절한 언어의 사용 및 타마지그어의 공용어 수용 등의 결정을 담고 있다.

　이 헌장은 변화된 새로운 교육 개혁을 통해 모로코인들의 현대표준 아랍어의 사용 능력을 발전시켜 다양한 분야에서 아랍어를 능숙하게 사용하며, 최소한 2개 국어 이상의 외국어를 능숙하게 사용할 수 있을 것으로 기대하고 있다. 또한 전체 인구의 30% 이상을 차지하고 있는 베르베르인들이 자신들의 전통 문화를 발전시키고 이를 모로코의 예술·문화 발전으로 승화시킬 수 있기를 기대하고 있는 것 같다.

　이 헌장에서는 모로코 독립 이후 일관되게 추진되어온 '아랍어화' 란 용어는 더 이상 사용되지 않았고 아랍어 교육의 개선과 강화를 주장하고 있다는 것은 시사하는 바가 크다. 아랍어화를 계속 추진하는 것은 수백만 명의 모로코 젊은이들을 문화적·사회적·경제적 파산으로 몰아가는 것이며, 교육 목적에 따라 적합한 언어를 사용하겠다는 것을 분명히 한 것으로 판단된다. 즉, 과학과 기술 분야에서는 아랍어가 아닌 외래어의 사용을 인정하였으며 구체적으로 명시하지는 않았지만 교육용 언어로서 프랑스어의 사용을 암묵적으로 승인한 것이라 할 수 있다. 이 헌장은 과학과 기술 등의 분야에서 교육용 언어로서 아랍어의 사용은 적절하지 않다는 점을 인정함과 동시에 글로벌화된 지구촌의 환경을 반영하여 프랑스어뿐만 아니라 영어도 교육용 언어로 사용할 수 있는 제도적, 법률적 틀을 제공한 것이라 할 수 있다.

또한 이 헌장의 115조에서는 지방 정부에서는 지역 방언을 교육용 언어로 사용하는 것을 허용함으로써 베르베르어가 정식 교육 기관에서 사용될 수 있는 법적 근거를 마련했다. 대학과 관련 연구소 등에서 베르베르어의 발전과 이를 활용한 교수법을 연구할 수 있는 제도적 기반이 마련된 것으로서 베르베르어를 공용어로 선언한 것이라 할 수 있다.

결국 모로코의 언어 상황은 사회 상층부와 격식 상황에서는 현대 표준 아랍어와 프랑스어가 각각의 사용영역을 갖고서 공존하고 있고, 사회 하층부와 비격식 상황에서는 모로코 구어체 아랍어와 베르베르어가 지리적 분포와 상황에 따라 제각기 사용되고 있다 할 수 있겠다.

이렇게 다양한 언어 변종들이 공존하고 있는 모로코의 언어 상황과 각 변종들 간의 관계에 대한 해석은 학자들에 따라 다양할 수 있지만, 이들 간의 관계를 갈등이 아닌 상호 보완의 관계로 파악하는 것이 보다 타당하리라 생각된다.

아랍어 vs 프랑스어

모로코의 언어 혼종 현상은 화자들의 언어 사용 형태와 인식에 대한 조사를 통해서 구체적으로 파악할 수 있고, 모로코의 언어 변종에 대한 화자의 인식을 조사한 마키(Marley) 교수의 연구(Marley, 2004)는 이런 부분에서 매우 유용하다.

마키는 현대표준 아랍어와 프랑스어를 비교적 자유롭게 사용할 수 있는 모로코의 중고생 159명을 대상으로 설문조사를 통해 언어 변종에 대한 인식과 사용 실태를 조사했다.

물론 마키의 연구 대상이 모로코 전체 국민의 언어 변종에 대한 인식을 대변한다 할 수는 없다. 그의 설문 조사에 응답한 학생들은 모로코에서 현대표준 아랍어와 프랑스어를 비교적 자유롭게 사용할 수 있는 계층인 사회의 상류층 인사들이고 이들은 외부의 변화를 비교적 잘 인지하고 있는 친서구적인 경향을 띠고 있을 가능성이 크기 때문이다. 그러나 현실적으로 이들이 장래에 모로코의 여론 주도 계층과 정책 결정 과정에 관여할 가능성이 크다는 측면을 반영하면 현재와 미래의 모로코의 언어 상황을 예측하는 데 중요한 자료가 되리라 판단한다.

그의 연구 결과에서 응답자들은 현대표준 아랍어가 필요한 상황으로 신문 읽기(43.4%), 문학 작품 읽기(43.4%), 편지 쓰기(44.7%)와 강의(49.1%)라고 답했다. 반면에 프랑스어는 신문 읽기(25.2%)에서만 가장 높은 선호도를 보이는 것으로 조사되었다.

현대표준 아랍어와 프랑스어 모두 일상의 대화에서는 거의 사용하지 않는다고 응답함으로써 현대표준 아랍어뿐만 아니라 프랑스어도 모로코인들의 일상 대화어로서의 기능을 수행하지는 못하고 있는 것으로 조사되었다.

언어 변종에 대한 화자들의 인식 조사에서는 보다 유의미한 결과가 제시되었다.

구분	질문\응답	그렇다	대체로 그렇다	대체로 아니다	아니다	무응답
1	표준 아랍어는 모로코의 국가 정체성을 대변한다	42.1	31.4	8.2	13.2	5.0
2	모로코 아랍어는 모로코의 국가 정체성을 대변한다	64.2	24.5	3.8	4.4	3.1
3	모로코 어린이들은 프랑스어를 배워야만 한다	76.1	9.4	7.5	4.4	2.5
4	프랑스어는 모로코에서 직업을 얻는 데 매우 유용하다	45.3	40.9	7.5	3.8	2.5
5	표준 아랍어는 모로코에서 직업을 얻는 데 매우 유용하다	14.5	27.0	22.6	31.4	4.4
6	아랍어-프랑스어의 이중언어화자는 모로코에서 직업을 얻는 데 유리하다	62.9	20.8	5.0	8.2	3.1
7	미래에 모로코인들은 아랍어-프랑스어의 이중언어화자가 될 것이다.	23.3	25.2	8.8	13.8	28.9
8	미래에 프랑스어는 모로코에서 사라질 것이다	9.4	6.9	11.3	47.8	24.5
9	세계에서 영어가 프랑스어보다 더 유용하다	67.9	17.0	6.3	3.8	5.0

상기 조사를 통해서 모로코의 언어 상황과 화자들의 인식에 대한 다양한 측면들을 추론할 수 있다. 질문 1), 2)를 통해서 모로코인들은 비록 그들의 헌법에 국가 공식어로서 현대표준 아랍어를 지정하고 있고, 이슬람 국가로서의 정체성을 갖고 있지만, 실제로는 범아랍주의(Pan Arabism)를 상징하는 현대표준 아랍어보다 그들의 지역 변종이자 기층언어인 모로코 아랍어를 통해 국가와 민족적 동질성을 느낀다고 판단된다. 즉, 현대표준 아랍어라는 단일 언어와 이슬람이라는 종교·문화적 동질성에 근거하여 통일된 아랍 국가를 상징하는 현대표준 아랍어보다 모로코의 토양과 모로코인들 자신의 삶을 대변하는 모로코 구어체 아랍어를 통해 모로코인의 정체성을 잘 나타낼 수 있다고 믿고 있는 것으로 보인다.

직업과 관련된 질문인 4), 5), 6)에서 대부분의 응답자들은 직업을 얻기 위해서는 현대표준 아랍어보다 프랑스어가 더 필요하다고 응답했고, 이 두 변종을 모두 사용할 수 있을 경우에 보다 유리할 것이라는 응답을 했다. 이는 직업의 다양화와 함께 과학과 기술 분야의 일자리가 많아지는 상황에 대응하기 위해서는 현대표준 아랍어보다 프랑스어가 유리하다는 판단을 하고 있는 것 같다.

모로코의 미래의 언어 상황에 대한 질문 3), 7), 8), 9)에서 응답자들은 미래에도 모로코에서 프랑스어는 여전히 강력한 영향력을 끼칠 것으로 예상하고 있었고, 글로벌화된 세계에서 영어가 프랑스어보다 더 강력한 영향력을 가지고 있다는 것에 대해서도 대부분이 동의했다.

상기의 조사를 통해 볼 때 모로코인들은 현대표준 아랍어에 대한 의식적·잠재적인 자부심과 애착을 갖고 있지만, 현실적인 필요에 의해 프랑스어와 같은 외국어의 필요성을 인정하고 있다 하겠다. 즉, 아랍어에 대한 애착과 열정과 함께 외국어에 대한 동경심이 공존하는 이중적인 언어관을 갖고 있다 하겠다.

따라서 2000년 모로코 정부의 교육개혁헌장은 국가 발전을 기하고 언어 변종에 대한 국민들의 현실적인 인식을 반영한 언어 정책의 일대 전환이라 하겠지만, 이 전환된 정책의 성공 여부는 조금 더 많은 시간과 관찰이 필요하다고 생각된다.

경험적인 측면에서 모어에 대한 자부심과 이의 상용화는 국가의 경제 수준 및 현대화와 밀접한 관련이 있다는 점을 고려할 때 모로코의 언어 상황 역시 모로코의 경제 발전 및 사회의 발전과 밀접하게 연관되어 있다 하겠다.

모로코 어디로 갈 것인가?

모로코는 프랑스로부터 독립한 이후에 국가 정체성 회복을 위한 다양한 노력들을 기울였다. 그러나 이러한 노력들은 국가 현대화를 주장하는 친프랑스계 인사들에 의해 저지되거나 제한적으로 시행될 수밖에 없었다. 독립된 국가의 민족 주체성과 정체성을 회복하기 위해서 아랍어를 부흥시켜야 한다는 민족주의자들과 국가의 현대화를 위해 독립 이후에도 프랑스어권(Francophonie) 국가로 계속 남아 있어야 하고 프랑스어는 공용어로 계속 사용되어야 한다는 현대주의자의 주장이 팽팽히 대립했고 이러한 분열과 갈등은 국가와 언어의 혼란으로 이어졌고 독립 국가의 발전을 저해하는 주된 요인이 되었다.

최근에는 범지구적인 글로벌화의 영향으로 모로코의 언어 상황에는 새로운 변수가 나타났다. 기존의 지배적인 위치를 차지하고 있던 프랑스어 이외에 글로벌화의 세계적 조류와 함께 강력한 영향력을 가지고 등장한 영어의 영향력 확장, 모로코 아랍어의 사용영역의 확장과 베르베르어어의 공용어 지정 등이 그것이다.

　글로벌화라는 범지구적 환경과 함께 등장한 영어는 모로코의 정치·경제·사회·문화·교육과 과학 등 사회 전반에 엄청난 영향을 끼치고 있고 향후에 그 영향력은 더욱 확대될 것으로 보인다.

　그동안 모로코 사회의 하위 변종으로 인식되어온 모로코 아랍어는 교육과 학문 분야 및 사회 상층부의 언어로 그 영역을 확대하고 있다. 모로코의 신문과 방송 등의 언론에 모로코 아랍어가 빈번하게 등장하고 있고 각종 회의와 세미나에서 모로코 아랍어를 사용하는 화자가 증가하고 있다.

　2000년 모로코 정부는 베르베르어를 공식어로, 하산 방언을 모로코의 언어적·문화적 정체성을 대변하는 언어 변종으로 지정하기에 이르렀다.

　이러한 변화된 언어 환경은 모로코에서 기존에 현대표준 아랍어와 프랑스어가 누리던 언어 지위를 위협하고 있다. 장기적으로 모로코 아랍어와 베르베르어는 원화자 및 모어 집단을 갖지 못한 채 상징적-구호적 공용어 역할을 하고 있는 현대표준 아랍어를 부분적으로 대체할 가능성이 있고, 프랑스어가 누려온 지위는 영어가 대체하는 상황도 예측할 수 있겠다.

　2000년 교육개혁헌장에서 모로코 정부는 아랍어화를 사실상 포기했고, 영어와 프랑스어를 포함한 외래어의 자유로운 사용 및 베르베르어의 공용어화를 법적으로 승인했다. 이는 모로코 정부가 독립 이후 일관되게 추진해온 언어 정책의 기조인 아랍어화를 실용적·현실적 목적을 위해 사실상 포기한 것으로서 모로코 정부의 언어 정책의 일대 전환이자 중대한 변화라 할 수 있다.

모로코 정부의 이러한 언어 정책 전환 실험은 그 결과에 따라 인근 아랍 국가에 심대한 영향을 끼칠 수 있으리라 판단된다. 서구 제국주의 국가로부터 독립한 이후 대부분의 아랍 국가들은 예외없이 아랍어화 정책을 시행하였으며 일정 부분 성공을 거두기도 했지만 국가 근대화와 경제 발전의 실패 등의 이유로 인해 아랍어 발전과 그 사용 범위의 확산에는 한계를 보이고 있다. 특히 저조한 경제 발전과 계속된 빈곤으로 인한 국민적 자존감의 상실, 사회 상류층 인사들의 친서구적 경향 등의 요인들로 인해 아랍·이슬람문화에 대한 자긍심의 상실과 함께 서구 사회의 물질적 풍요에 대한 동경이 점차 확산되고 있다.

이러한 사회·역사·문화적 환경에서 모로코의 언어적 변신이 성공한다면 인근 아랍 국가들 역시 아랍어화의 포기와 외국어의 광범위한 수용과 확산 등 혁명적인 언어 정책의 변화를 시도할 수 있다고 판단된다.

참고문헌

윤용수. 2013. "유럽제국주의 국가의 대중동 언어 정책과 그 영향-레바논을 중심
으로-". 명지대학교인문과학연구소. 『인문과학연구논총』. 제34권 2호.

최진영. 1997. "마그립 지역의 다중언어현상에 관한 연구". 한국아랍어아랍문학
회. 『아랍어와 아랍문학』 제1권.

Abbassi Abdelaziz. 1977. A Sociolinguistic Analysis of Multilingualism in Moroco.
Doctoral Dissertation. University of Texas. Austin.

Bentahila, Abdelali. 1983. *Language Attitudes Among Arabic-French Bilinguals in
Morocco.* Avon. Multilingual Matters.

Eastman C. 1983. *Language Planning: An Introduction.* San Francisco. Chandler and
Sharp.

Elboubekri Abdellah. 2013. Multilingual education in Morocco and the question of
cultural identity: Toward implementing a critical thinking approach in high school
English textbooks. *Educational Research and Reviews* Vol.8 (20).

Ennaji Moha. 2005. *Multilingualism, Cultural Identity and Education in Morocco.*
Springer Science Business Media. New York.

Esposito John L. 1999. *The Islamic Threat Myth or Reality?.* 3rd ed. New York.
Oxford UP.

Gordon, Raymond G., ed. 2005. *Ethnologue: Languages of the World, 15th Edition.*
Dallas: SIL International.

Gravel Louis Andre. 1979. A Sociolinguistic Investigation of Multilingualism in
Morocco. Doctoral Dissertation. Columbia University.

Hammoud Mohammed Salah Dine. 1982. Arabization in Morocco: A Case Study
in Language Planning and Language Policy Attitude. Dissertation Abstracts

International(DAI) 43.3

Marley Dawn. 2004. Language Attitudes in Morocco Following Recent Changes in Language Policy. *Language Policy* Vol3. Issue 1.

Moustaoui Adil(a). 2003. *The Amazigh Language within Morocco's Language* Policy. Barcelona. CIEMEN.

_____(b). 2006. *Morocco: Language and Legislation*. Barcelona. CIEMEN.

Sadīq Fatima. 2003. *Women, Gender and Language in Morocco*. Brill Leiden. Boston.

Sirles, Craig Alan. 1985. An Evaluative Procedure for Language Planning: The Case of Morocco. Doctoral Dissertation. northwestern University

TOMAŠTÍK, Karel. 2010. Language Policy in the Kingdom of Morocco: Arabic, Tamazight and French in Interaction. *The Annual of Language & Politics and Politics of Identity*, Vol. IV.

Youssi, Abderrahim. 1995. The Moroccan Triglossia: Facts and Implications. *International Journal of the Sociology of Language*.112.

Zouhir Aberrahman. 2013.Language Situation and Conflict in Morocco. Selected Proceedings of the 43rd Annual conference on African Linguistics.

https://www.cia.gov/library/publications/the-world-factbook/geos/mo.html

4장

알제리의 모어는 프랑스어?

국가의 정체성 확립과 관련하여 가장 중요하게 고려되는 요소 중의 한 가지는 언어적 정체성이다. 언어는 민족 문화의 한 부분으로서 특정 민족 또는 국가의 정체성을 표현하는 가장 중요한 요

알제리, 사진출처: http://www.operationworld.org/alge

소로 간주되기 때문에 언어의 정체성 문제는 언어적 문제인 동시에 정치적·사회적 문제로 간주된다. 동서고금을 막론하고 전쟁과 정복 등과 같은 강제적 요인에 의한 이문화간 교류에서 지배 국가가 식민 국가의 통치에 있어 가장 관심을 둔 부분 중의 한 가지는 식민지 국민들의 정신적 지배였으며 이를 위한 구체적인 방법은 언어의 지배였다. 즉, 언어의 지배를 통해 해당 언어공동체 화자들의 정신을 지

배할 수 있고 이를 통해 식민 통치를 보다 용이화, 장기화할 수 있다고 믿었기 때문이다. 이는 일본에 의한 식민 통치 기간에 창씨개명과 같은 일제의 식민지 문화 정책을 직접 경험한 우리의 근대사에서도 확인할 수 있다.

알제리도 이러한 범주에서 벗어나지 않는다. BC 1,500년경 알제리에 베르베르인들이 정착한 후, 페니키아, 로마, 반달, 비잔틴, 아랍, 오스만 투르크와 프랑스의 지배를 받는 동안 수 많은 언어 변종들이 알제리에서 사용되었고, 21세기 현재에는 아랍어, 타마지그어(Tamazigh, 베르베르어)와 프랑스어가 알제리의 주요 언어변종으로 사용되고 있다.

이들 언어 변종들이 알제리에 정착하게 된 배경과 과정은 시대별로 구분되지만, 언어가 정치적·민족적 요인들과 결부된 것은 동일하고, 복잡한 국가사 만큼이나 현대 알제리의 언어 상황도 복잡하다.

132년간(1830~1962)의 식민지 기간을 통해, 프랑스는 알제리 독립 이후에도 1,400여 년 동안 모어로 사용되어온 아랍어 대신 프랑스어가 알제리의 주요 언어로 사용될 수 있도록 식민지 국가 문화 정책을 시행하였고, 이 정책은 상당 부분 성공을 거둔 것으로 보인다. 현재 알제리 국민의 67%가 프랑스어를 사용할 수 있고 이를 선진과 과학 문명의 언어로 인식하고 있다는 점이 이를 입증하고 있다.

1962년 알제리가 프랑스로부터 독립한 이후에는 알제리 정부의 아랍어화(Arabization) 정책에 의해 표준 아랍어 사용을 권장하는 언어 정책이 국가 주도로 진행되어왔지만, 베르베르인들의 문화적·언어적 권리 요구에 따라 타마지그어도 공용어로 수용되었고(1993년), 서양의 선진 과학과 학문 및 기술의 언어로서 프랑스어도 광범위하게 사용되고 있다. 즉, 이슬람 국가로서의 국가 정체성을 회복하기 위한 정부의 정책(아랍어)과 국가 발전을 위한 현실적 필요성(프랑스어) 및 민족 정체성(타마지그어)을 표현하는 언어 변종이 각기 구분되고, 이들의 요구가 다양하게 표출되어 알제리의 언어 상황은 상당히 복잡한 다중언어현상을 보이고 있다. 따라서 알제리는 언어적 측면에서 이문화 교류과정에서 나타나는 언어 간 접촉과 이에 따른 사용역(register)의 구분 및 화자의 언어 인식을 잘 반영하고 있는 집단이라 하겠다.

이 글에서는 알제리의 사회언어학적 환경, 사용되고 있는 언어의 종류 및 공용어인 아랍어에 외국어인 프랑스어가 수용되는 과정을 프랑스의 식민지 언어 정책을 중심으로 살펴보겠다. 알제리에서 유럽 제국주의 식민지 정책의 산물인 프랑스어가 공용어인 아랍어에 수용되는 과정을 알아보기 위해 프랑스가 실시한 식민지 언어 정책과 독립 이후 아랍어화를 중심으로 한 알제리 정부의 언어 정책을 살펴보겠다.

알제리인들은 2분간은 프랑스어로, 3분간은 아랍어로, 다시 1분간은 프랑스어로 말한다

사회언어학자들은 언어 공동체에서 사용되는 언어 변종들을 그 층위와 역할, 상황 등에 따라서 구분하는 언어 변종의 유형화(typology) 작업을 수행해 왔다. 퍼거슨(Ferguson, 1959)에 의해 제기된 양층언어 현상(diglossia)은 개별 언어 공동체에서 특정한 구조적, 기능적 역할을 수행하고 있는 언어 변종들을 설명하기 위해 제안된 용어로서, 이 용어는 아랍어의 사회언어학적 환경을 설명하는 데 매우 유용한 도구임이 분명하다. 이 개념과 용어는 이후 진화하여 '동일 언어의 변종들이 특정한 상황에서 특정한 기능을 수행하는 2개 또는 그 이상의 언어 변종의 선택적 사용'이란 개념으로 발달해왔다.

따라서 퍼거슨이 제안한 양층언어 현상 이후 제시된 삼층언어 현상 (triglossia), 다층언어 현상(multiglossia)과 분광언어 현상(spectroglossia) 등의 용어와 개념은 양층언어 현상의 진화된 형태라 하겠다.

퍼거슨이 아랍어 공동체의 언어 상황을 양층언어 현상으로 해석한 것은 대체로 타당하지만, 이 개념으로 아랍어 공동체의 언어 상황을 완전히 설명하기에는 미흡하다. 아랍연맹 22개국의 공식어가 현대표준 아랍어이고 일상 생활에서 구어체 아랍어가 사용되고 있는 것은 분명하지만, 실제로 아랍어 공동체의 언어 상황은 단일 언어 공동체의 양층언어 현상만 나타나는 것이 아니라, 외국어가 포함된 양언어(bilingual) 또는 다중언어(multilingual) 사회의 특징도 함께 갖고 있기 때문이다.

아라비아 반도와 북부 아프리카에 걸쳐 있는 아랍어 공동체는 AD 7세기 이슬람 출현 이전부터 아라비아 반도와 북부 아프리카 지역에서 사용되고 있던 아람어, 콥트어와 타마지그어 등의 토착어와, 이슬람시대 이후 1,400년간 사용되어오고 있는 아랍어, 제국주의 식민 통치기간 동안 아랍 지역에 깊게 침투한 영어, 프랑스어, 이탈리아어, 스페인어 등 다양한 언어 변종들이 각각의 사용영역을 갖고 있다.

아랍 국가들은 서양 제국주의 국가로부터 독립한 이후에도 식민지배국의 언어로부터 여전히 자유롭지 못하고, 이는 프랑스의 지배를 받은 레바논, 시리아와 마그립 국가 등에서 두드러지게 나타나고 있다. 독립 이후 약 50년이 지난 지금에도 프랑스어와 영어 등의 식민 지배 국가의 언어가 아랍어 공동체에서 거의 공용어 수준으로 사용되고 있기 때문에 아랍어 공동체의 언어 상황은 단일 언어의 변종들이 기능적 역할을 하며 사용되고 있다는 양층언어 현상과 함께 이들 외국어를 포함한 다중언어 현상이 함께 나타나고 있다. 따라서 아랍어 공동체는 아랍어의 변종들과 외래어가 공존하며 함께 사용되고 있는 복합 언어 공동체(complex speech community)로 파악하는 것이 보다 타당하다고 생각된다.

알제리의 다국어(아랍어-타마지그어-프랑스어) 안내판

제2차 세계대전 종전을 전후하여 제국주의 국가로 부터 독립한 대부분의 신생 아랍 국가들은 '식민 잔재의 청산'과 '국가 부흥'이라는 두 가지 목표를 공유하고 있었다. 짧게는 20여 년에서 길게는 130여 년 동안 식민지 지배를 경험한 이들 아랍 국가에 국가 정체성의 확립과 경제 발전은 국가의 미래 건설을 위한 시급한 과제였다.

아랍의 독립을 주도한 민족주의 성향을 지닌 지식인 계층의 바람과 달리 아랍 국가 정체성의 확립은 커다란 장벽과 도전에 직면했다. 대부분의 신생 아랍 독립국이 경험하고 있었던 것처럼, 국가 정체성의 회복을 위해서는 언어적인 측면에서 모어인 고전 아랍어의 부흥이 필요했지만, 국가의 산업화와 서구 과학 기술의 수용을 통한 국가 현대화를 위해서는 영어와 프랑스어를 포함한 외래어를 배척할수 없다는 현실적 필요성 때문이었다. 따라서 제2차 세계대전 이후의 신흥 아랍 독립국들은 국가 정체성의 확립과 국가 현대화라는 두가지 대립되는 현안의 갈등 속에 언어 정책 수립에 혼선을 빚어왔다. 그 결과 이들 국가의 지식인 계층 역시 전통적 가치를 주장하여 아랍어로의 단일 공용어를 주장하는 집단과 경제 발전을 위해 이중언어사용을 주장하는 집단으로 나뉘어졌다.

알제리 역시 이 범주에서 벗어나지 않았다. 132년(1830~1962)간의 오랜 프랑스 식민 지배를 경험한 알제리인들에게 프랑스의 잔재청산과 알제리 국가 정체성의 확립은 그 무엇보다 시급한 과제였지만, 동시에 국가 경제 발전을 통한 국가 부흥 역시 빼놓을 수 없는 긴급 현안이었다.

알제리인의 정체성 확립을 위해 가장 시급한 것은 언어적 정체성의 확립이다. 이는 1996년 알제리 헌법에서 '알제리인의 정체성은 아랍어, 이슬람과 아마지그다'로 규정한 데서도 확인할 수 있다.

알제리의 언어적 정체성을 회복하기 위한 구체적인 방향은 알제리의 모어이자 공용어로서 고전 아랍어의 위상을 회복시키고, 식민 지배의 상징이자 증거인 프랑스어를 청산하는 것이었다. 아랍어의 부흥(Arabization)을 주장하는 집단은 알제리의 유일한 공용어로서 아랍어를 사용할 것과, 아랍어 이외의 언어 변종은 그 사용을 제한해야 한다고 주장했다. 반면에, 프랑스 식민 치하에서 프랑스식 교육을 받은 서구화된 일단의 알제리 지식인 계층은 알제리의 근대화를 위해서 아랍어와 함께 프랑스어 등의 외래어 사용은 필요 불가결한 선택이라고 주장했다.

이외에, 알제리에서 가장 오랜 언어적 전통을 갖고 있는 베르베르인들의 모어인 타마지그어 사용에 대한 주장도 제기되어, 마침내 1993년 알제리의 공용어로서 타마지그어가 지정되었다.

상기와 같은 사회적 · 역사적 환경에 의해 알제리에는 네 가지 언어 변종이 사용되고 있다 할 수 있다. 즉, 태어날 때부터 자연스럽게 습득하고 일상 생활에서 사용하는 알제리 구어체 아랍어, 알제리의 공식어이자 이슬람의 종교어이며 공식 상황에서 사용하는 표준 아랍어, 초등학교 때부터 외국어로 학습한 프랑스어와 남부와 산악 지역에서 통용되는 타마지그어가 그것이다. 알제리에서 상기 언어 변종의 화자 분포는 아래와 같다.

알제리 언어 변종과 화자의 분포

언어 변종	화자의 분포	프랑스어 숙련자
아랍어	72%	67%
타마지그어	27.4%	
기타	0.6%	
합계	100%	

Sonia Benghida, 2006, 35

아랍어는 알제리의 공용어로서 정부의 강력한 보호와 지원을 받고 있는 언어다. 비록 아랍어가 고전 아랍어와 알제리 구어체 아랍어로 그 사용역에 따라 구분되어 사용되고 있지만, 이는 아랍어 공동체에서 나타나는 일반적인 현상이다.

프랑스어는 대도시를 중심으로 지식인들, 여성, 고위층 인사들 사이에서 주로 많이 사용되고 있으며, 특히 수도 알제리에서 많이 사용되고 있다. 이 언어는 알제리 아랍어에 혼용되어 일상생활에서 광범위하게 사용되고 있고, 알제리의 주요 신문 중 5개가 프랑스어로 발행되고 있다. 또한 주간지와 라디오, TV 등의 방송매체에서 프랑스어로 방송되는 채널이 있고, 고등교육과 전문 직업군에서는 프랑스어가 아랍어 보다 일반적으로 사용되고 있다. 따라서 식민시대와 그 이후에도 알제리 북부 지역의 도시인들은 교육 및 사회적 수준과 무관하게 아랍어-프랑스어의 이중언어 화자라 할 수 있다.

다른 아랍 국가에 비해 장기화되었고, 알제리를 자국의 일부로 간주한 프랑스 식민통치의 영향으로 인해 알제리에서 프랑스어의 영향력은 모어인 아랍어를 위협할 수준이며, 헌법상 프랑스어를 외국어로 규정하고 있음에도 불구하고 사실상 공용어의 위치를 차지하고 있다.

알제리의 프랑스어는 식민 경험을 공유하고 있는 서부 아프리카 국가에서 사용되고 있는 영어의 역할과도 구분된다. 영국의 지배를 받았던 가나 등의 서부 아프리카 국가에서 영어는 다양한 부족어들을 연결하고 소통하는 교통어(lingua franca)의 역할을 수행하고 있지만, 알제리의 프랑스어는 일부 알제리인들이 프랑스어를 사실상 1차 언어로 수용하고 있다는 점에서 북부 아프리카의 상황과 구분된다.

즉, 알제리의 프랑스어는 식민 경험을 갖고 있는 다른 국가의 제국주의 언어보다 더 깊숙이 알제리 사회에 그 뿌리를 내리고 있다 할 수 있다.

타마지그어는 알제리 남부 지역의 베르베르인 거주 지역에서 그들의 모어로 사용되고 있지만, 도시로 진출한 베르베르인들은 교육과 취업이라는 현실적 필요성 때문에 아랍어를 사용하고 있다. 비록 1993년 타마지그어가 알제리의 공용어로 인정되었지만, 그 위상과 사용 범위는 제한적이라 할 수밖에 없다. 아랍인에 비해 상대적인 사회적 신분의 차별을 받고 있는 베르베르인들의 아랍어에 대한 열망은 아랍인들의 프랑스어에 대한 그것보다 더 크다 할 수 있다.

알제리의 언어 상황은 다중언어 현상이 나타나는 다른 국가의 현상과도 구분되는 특징이 있다. 스위스, 핀란드, 캐나다 등과 같이 다양한 언어가 통용되고 있는 언어 집단에서는 각각의 언어 변종들을 모어로 하는 복수의 언어 집단들이 공존하고 있지만, 알제리는 다중언어가 통용되고 있지만, 언어 집단들이 구분되지 않고 동일인이 다양한 언어 코드(code)를 갖고서 상황에 따라 구분해서 사용한다는 점에서 유럽의 상황과 다르다.

따라서 다른 언어 공동체와 변별적 특징을 보이고 있는 알제리 다중언어 현상의 특징은 아래와 같이 정의할 수 있다. 첫째는 지역적 편중 현상이다. 지리적으로 알제리의 주요 도시와 농경이 가능한 지역은 지중해와 인접한 알제리 북부에 위치해 있고, 남부 지역은 대부분이 사막이어서 주로 유목민들의 생활 공간이다. 프랑스가 알제리를 지배하는 동안에도 식민 정부의 통치는 주로 알제리 북부의 도시 지역에서 이루어졌으며, 남부와 산악지역은 식민 정부의 행정력이 제대로 미치지 못했다. 따라서 알제리 북부 지역(주로 도시)에서는 아랍어와 프랑스어의 이중언어 현상이 나타나지만, 알제리 남부 지역은 주로 베르베르인의 거주지로서 아랍어와 타마지그어의 이중언어 또는 알제리 구어체 아랍어나 타마지그어가 사용되는 단일 언어 사용(monolingual) 지역이라 할 수 있다. 따라서 알제리의 이중언어 현상은 알제리 전반에 걸쳐 일어나는 것이 아니고 주로 북쪽의 주요 도시 지역에서 한정지어 발생한다.

둘째는 독립 전후 이중언어 화자의 차이다. 독립 이전에 알제리인들은 교육 수준과 무관하게 비교적 능숙한 프랑스어와 아랍어의 이중언어 화자였다. 이는 프랑스의 영향으로 인해 교육의 혜택을 받지 못한 대부분의 알제리인들도 식민 치하에서 생존을 위해 프랑스어가 필요했고, 비록 글을 읽고 쓰지는 못해도 프랑스어로 의사소통에 별다른 장애가 없는 알제리인이 많았다.

반면에, 독립 이후에는 이중언어 화자들은 정식 교육을 받은 사람들 중에서 나타났고, 교육을 받지 못한 사람은 대부분 알제리 구어체 아랍어나 타마지그어의 단일 언어 화자로 남았다. 독립 이후에는 정부의 아랍어화 정책에 의해 현대표준 아랍어의 사용과 영향력이 확대되었고, 1970년대 이후에는 이 현상이 더욱 두드러짐에 따라, 현대의 아랍어-프랑스어 이중언어 화자는 교육을 받았거나 프랑스어와 접촉이 많은 이들에게서 나타난다는 점에서 독립 전과 대조된다.

세 번째 특징은 능동적 이중언어 화자와 수동적 이중언어 화자가 공존한다는 점이다.

능동적 이중언어 화자는 문자를 읽고 쓰지 못해도 이중언어 사용에 적극적인 자세를 취한다. 독립 이전의 문맹 알제리인들은 프랑스어를 읽고 쓸 수는 없어도 말하고 이해할 수 있었으며, 프랑스어를 적극적으로 활용했다는 측면에서 능동적 이중언어 화자로 분류할 수 있다.

반면에 수동적 이중언어 화자는 두 언어 중 특정 언어의 활용 능력이 결여되어 있어 이중언어 사용에 적극적이지 못한 화자를 말한다. 이들은 독립 이후 프랑스어를 충분히 학습하지 못한 알제리인들이나, 또는 프랑스로 이주한 알제리인들로서, 전자는 프랑스어 사용능력이 결핍되었고, 후자는 아랍어 사용능력이 결핍되었다. 따라서 알제리에는 독립 이전에는 능동적 이중언어 화자가 많았지만, 독립이후에는 수동적 이중언어 화자가 증가하고 있다는 특징이 있다.

넷째 알제리의 아랍어와 프랑스어는 상호 공존하는 일종의 시이소 효과를 나타낸다. 독립 이전에는 프랑스 정부의 아랍어 탄압으로 인해 프랑스어가 주류를 이루었지만, 독립 이후에는 교육, 정치, 행정 등의 분야에서 아랍어가 프랑스어를 대체함으로써 아랍어가 주 언어가 되었다. 따라서 독립을 기점으로 알제리의 주 언어는 프랑스어에서 아랍어로 전환되었고, 이에 따른 이중언어 사용 형태도 아랍어 중심으로 전환되는 현상을 보였다. 즉, 독립을 계기로 프랑스어가 수행하던 주 언어의 역할을 독립 이후에는 아랍어가 수행하며 프랑스어는 침체되는 시이소 효과 현상이 나타나고 있다.

알제리인들의 발화 형태에 대해 '알제리인들은 2분간 프랑스어로 말하고, 3분간 아랍어로 말하며 다시 1분간 프랑스어로 말한다'는 표현은 알제리 언어 상황과 화자들의 발화 형태를 잘 표현해주고 있다. 아랍어와 프랑스어 외에 베르베르인들의 민족 정체성을 담고 있는 타마지그어의 사용 요구도 점차 증가하고 있고, 아랍어의 발화도 다른 아랍어 공동체처럼 알제리 구어체 아랍어와 표준 아랍어 간의 말씨바꾸기가 빈번하게 일어나고 있다. 다른 지역에 비해 상대적으로 큰 현대표준 아랍어와 알제리 구어체 아랍어의 차이 역시 알제리의 언어 상황을 복잡하게 만들고 있는 주요 요인 중의 한 가지라 할 수 있다.

각각의 지역적, 계층적 사용영역을 가지고 사용되고 있는 상기 언어 변종들은 상호 보완적 성격보다는 상호 대립적인 성격을 띠고 있는 대립적 다중언어 현상의 특징을 갖고 있어 알제리 정부의 언어 정책의 수립과 시행은 물론 국민 통합 정책과 노선의 결정에 커다란 장애가 되고 있다.

프랑스 흉내내기

언어 정책은 특정 언어(또는 특정 언어 환경)를 장려 또는 배제하기 위한 것이다. 이 정책은 어떤 언어를 공공 또는 공식적인 환경에서 사용할 것인가를 결정하고, 개인들이 학습할 권리 또는 유지할 권리를 결정하는 것이기 때문에 다분히 정치적·경제적·사회적 요인과 같은 언어 외적인 환경의 영향을 받을 수밖에 없다.

식민 지배하에서 식민지 국민의 문화적·사상적 지배를 위해 식민 지배국의 언어를 강요하고 이식하는 식민지 언어정책과, 독립 이후 국가 정체성 회복을 위해 식민지 언어를 배척하고 모국어 부흥 운동을 목표로 하는 언어 정책은 시대적·사회적 요구를 반영한 것으로, 언어적인 행위가 아닌 정치적·사회적 행위라 할 수 있다.

식민 지배하에서 식민지 국민의 저항과 독립 이후 식민지화된 사상을 갖고 있는 일부 국민들이 기득권 유지를 위해 모국어 회복 정책에 저항하는 등의 다양한 변수들이 언어 정책에 영향을 끼친다는 점에서 언어 정책은 다분히 비언어적인 사회적 이슈와 경향에 영향을 받을 수밖에 없기 때문이다. 따라서 언어 정책은 언어적인 문제라기보다는 국가적·사회적 요구를 반영하는 사회적 현상이기 때문에 사회언어학적 고찰과 접근이 필요하다.

인접한 다른 국가들에 비해 오랜 식민 경험을 갖고 있고, 강압적인 아랍어 탄압을 경험했으며 독립 이후 아랍어 회복 운동(Arabization)을 실행한 알제리의 역사적 경험은 식민 전후의 언어 정책의 변화를 연구하기 위한 좋은 연구 환경을 제공하고 있다.

알제리에서 태어난 모든 외국인은
거부하지 않는 한 자동적으로 프랑스인이 된다?

프랑스의 알제리 침략은 1830년 당시 알제리를 지배하고 있던 오스만 터키의 알제리 데이(Dey, 오스만 터키 제국의 지방 총독)가 프랑스 영사를 모욕한 것이 발단이 되었다. 이에 프랑스는 군대를 파견하여 데이를 굴복시킨 이후 알제리에 대한 침략과 점령을 본격화했다.

프랑스의 침략에 대응한 알제리의 저항은 있었지만, 1870년 알제리는 프랑스에 공식적으로 합병되었고, 1871년 알제리 자치 정부가 들어서 드 게이동(De Gueydon)이 첫 알제리 총독이 되었다. 그러나 이 정부는 독자적인 행정 기능을 갖지 못한 허수아비 조직이었고, 파리에 있는 프랑스 내각이 알제리를 직접 통치했다.

알제리는 역시 프랑스 식민지였던 튀니지, 모로코 등 마그립 지역의 다른 아랍 국가와는 달리 프랑스 영토의 일부분으로 간주되었고, 행정적으로도 프랑스의 일부분이 되어 프랑스 내각의 직접적인 통치를 받게 되었다(1881. 8. 26, 프랑스 점령). 즉, 다른 프랑스 식민지들은 프랑스 외무부나 식민지부의 관리를 받았지만, 알제리는 프랑스 내무부의 관리를 받게 되었다. 이는 프랑스 정부가 알제리를 단순한 식민지가 아닌 프랑스의 일부분으로 간주했음을 의미한다.

또한 1880년 법령에서는 '알제리에서 태어난 모든 외국인은 그들이 성년이 되어 거부하지 않는 한 자동적으로 프랑스인이 된다'라고 규정하여 알제리인들에게 프랑스 시민권을 부여하는 등 다른 식민지 국가에 비해 특별한 지위를 부여했다.

프랑스의 식민지 정책은 기본적으로 동화정책이지만 국가별 상황과 필요성에 따라 선택적으로 시행했다. 알제리에서 시행된 프랑스 정부의 언어 정책은 인근 국가이며 역시 프랑스의 식민지였던 모로코와 튀니지에서의 정책과 다소 차이가 있었다. 모로코에서 프랑스의 언어 정책은 프랑스어와 아랍어의 조화와 공존을 허용하는 느슨한 언어 정책을 시행했지만, 알제리에서는 아랍어를 철저히 배제하는 강경한 프랑스어 주입 정책을 실행했다. 철저한 프랑스어 주입을 통해 알제리의 완전한 프랑스화가 가능하다고 믿었기 때문이다.

1938년 프랑스 식민 정부는 알제리에서 아랍어를 외국어로 규정하고 아랍어를 교육용 언어로 사용하지 못하도록 법령으로 제한함과 동시에 알제리의 공용어로서 프랑스어를 지정했다. 그 결과 알제리는 인근의 다른 프랑스 식민지 국가에 비해 더욱 심각한 언어적 혼란을 겪었고, 알제리 국민 대부분은 알제리 전통 문화와의 단절뿐만 아니라 알제리 정체성의 혼란과 언어적 표현의 자유를 상실했다. 식민지 시대에 외래어의 강요는 모어의 발화를 탄압할 뿐 아니라, 이데올로기적인 영역도 포함한다는 개념이 알제리에도 예외 없이 적용된 것이다.

궁극적으로 프랑스 식민 정부의 목표는 알제리를 지중해 남쪽 프랑스 영토의 일부분으로 만드는 것이었고, 이를 위해 아랍인과 베르베르인을 분리시키고 알제리에서 아랍·이슬람의 가치와 문화를 삭제했다. 프랑스는 알제리를 지배하기 위한 정치, 행정, 교육 기관들을 설립했고, 이 기관들은 알제리인들의 삶의 방식, 교육과 사고 및 세계관에 심각한 영향을 끼쳤다. 따라서, 1830년 프랑스의 알제리 점령과 지배는 정치·군사·경제적 지배일 뿐만 아니라, 이슬람 문화와 알제리 정체성 말살을 목표로 한 복합적 목적의 합병이라 할 수 있다.

프랑스 정부가 알제리의 효율적인 통치와 프랑스어의 보급 및 확산을 위해 선택한 전술은 식민지 국민의 타자(他者) 의식의 확산과 흉내내기자(camouflage, mimicry)의 양성이었다.

역사적인 기록과 증거를 통해 볼 때, 제국주의 지배국의 국민은 식민지 국민을 타자(他者)로 보는 경향이 있다. 유럽 제국주의자들 역시 '문명화'된 자신과 '야만'인 식민지 국민을 타자로 구분하는 것에 익숙해 있었다. 그들에게 아프리카 등의 식민지 국민은 진화와 문명화의 가장 아래 단계에 있는 거의 다른 인종인 것처럼 보였고, 모든 문명이 결여된 '야만인 타자'로 비쳤다.

다른 많은 유럽인들처럼, 프랑스인들은 스스로를 과학, 합리성, 발전과 문화의 주체로 정의하며 문명의 주역으로 간주했다. 그들은 자신들이 가장 우수한 인류임을 확신하며 야만인 타자(식민지 국민)에게 자신들의 원칙과 가치를 제시하고 계도하는 것이 문명화된 자신들의 의무라고 생각했다. 이들은 그들이 완성했다고 주장하는 '문명'을 전도한다는 명분하에 타자들을 생산해갔으며, 그들이 믿고 있는 평화와 세계 질서, 보편적 행복의 신화 모델을 타자들에게 제시하고 강요했다.

프랑스 제3공화국의 정치인으로서 식민주의를 신봉하고 식민지 국민에 대한 타자 의식에 젖어 있던 페리(Jules Ferry, 1832-1893)는 프랑스 문화의 식민지 전파와 동화에 앞장선 인물이다. 그는 "우등 민족은 열등 민족에 대해 의무와 동시에 권리를 갖는다. 우등 민족에게는 열등 민족을 문명화할 의무가 있다"고 주장하며 식민지의 강제 동화 정책에 정당성을 부여했다. 페리는 학교는 후진적인 식민지 사회의 변화와 문명화를 이끌 수 있는 가장 효과적인 수단이라고 믿었고, 학교에서 식민지 국민들에게 프랑스어를 가르침으로써 진보적인 문명을 전파할 수 있다고 믿었다.

프랑스인들의 식민지 국민에 대한 이러한 문화적 선민의식은 식민지 국민 중 프랑스 흉내내기자의 등장으로 인해 더욱 그 타당성을 입증받았다. 식민지 문화 정책에 의해 식민 지배국의 문화를 적극적으로 수용한 사람은 자신의 전통 문화를 고수하는 사람들에 비해 사회적으로 출세하는 경향이 있다. 사회적 출세와 이득을 갈망하는 이들 집단은 식민 지배국과 지배 국민의 사고, 언어, 외모 등을 흉내내려 하고 이를 통해 본인 자신도 문명화된 집단에 귀속될 수 있다고 믿는 경향이 있다. 즉, 흉내내기를 통해 타자 집단으로 부터의 탈출이 가능하다고 믿는다.

이는 라캉(Lacan)의 언급처럼 식민지 국민들의 입장에서 본 타자에 대한 욕망에서 기인한 것이다. 그 타자가 백인 또는 유럽인이면, 식민지 국민은 백인 또는 유럽인이 되고픈 욕망을 가지게 된다. 결국 알제리 지식인들은 사상, 담화, 행동양식에 있어서 그들을 타자로 간주한 프랑스인처럼 행동하려는 경향을 갖게 된다. 프랑스 식민 정부로부터 인정받으려는 그들의 욕망은 프랑스인처럼 행동하게 하고 프랑스 문화를 답습하게 했다. 따라서 프랑스인이 되고픈 욕망이 그의 말과 행동을 지배하고, 프랑스어는 이를 위해 반드시 필요한 필요충분조건이 된다.

알제리에서 양산된 프랑스 흉내내기자는 결국은 본인의 자아와 정체성을 분열시키는 역효과를 초래했다. 식민지 국민의 타자인 지배 계층을 닮기 위한 노력과 흉내내기에도 불구하고, 그들은 자신이 동경하는 타자가 될 수 없었으며, 그들을 열등 국민으로 간주하는 식민주의자의 인식과 평가에서도 결코 완전히 자유로울 수 없었다. 결국 식민지 국민의 서구화 흉내가 강해지면 강해질수록 그들 자신의 정체성만 부정하게 되고, 혼란에 빠지게 되었다. 프랑스어에 집착하여 프랑스어를 흉내내면 낼수록 알제리 국민들은 그들의 욕망과 편견에 집착하게 되고, 프랑스인과 동등해 지기보다는 더 많은 그들의 영향과 지배를 받을 뿐이었다. 결국, 알제리 국민의 프랑스 흉내내기는 알제리 전통 문화와의 분리뿐만 아니라 자신의 정체성을 와해시켜 자아에 대한 갈등을 초래하게 했다.

이것이 흉내내기의 모순이며 한계다. 이러한 흉내내기는 본래의 전통적인 정체성의 상실과 함께 식민주의자의 정체성도 갖지 못하는 어정쩡한 제3의 정체성을 갖게 했다. 호미 바바(Homi Bhabha)가 '제3의 공간(the third space)'으로 명명한 이 교배와 혼종의 정체성은 불안정과 혼돈 만을 초래했다.

프랑스 식민정부는 식민 지배국과 식민지 국가사이에 형성되는 이러한 타자의식과 흉내내기 심리를 잘 파악하고 있었고, 그 한계와 결과도 잘 알고 있었지만 이를 식민지 통치에 적절하게 활용했다. 이들 흉내내기자들을 통해 프랑스의 문화적 선민의식을 확인할 수 있었고, 도덕적으로 식민 지배의 당위성을 인정받을 수 있었기 때문이다.

결국, 프랑스 식민 정부의 알제리 언어 정책의 핵심은 프랑스 문화와 프랑스어의 우수성을 확산, 인식시키는 것이고 이를 위해 교육제도의 개편과 소수의 알제리 엘리트를 흉내내기자로 양성하는 것이라 할 수 있다.

프랑스의 알제리 교육 제도 개편의 기본 방향은 알제리에서 아랍어와 이슬람의 뿌리를 제거하기 위하여 교육 제도를 프랑스식으로 개편하는 것이었다. 이를 위한 프랑스의 전략은 전통적인 아랍어 학교의 정책적·재정적 압박과 함께 프랑스어 교육을 진흥하고, 프랑스어-아랍어의 이중언어 정책을 통해 아랍어를 희석화시키는 것이었다.

프랑스는 1843년 3월 28일 식민지 행정명령으로 알제리의 이슬람 종교 재단 소유의 토지를 압수하여 국유화함으로써 종교 재단의 주요 수입원을 몰수했을 뿐만 아니라, 이슬람 학교의 재정적 지원을 중단했다. 이러한 재정적 착취로 인해 식민시대 초기에 많은 이슬람 학교가 폐교되었고, 그 결과 대부분의 알제리 학생들은 이슬람 교육을 받지 못하는 상태에 이르렀다.

1926년 알제리 통계에 의하면 당시 취학 연령대의 학생 수는

900,000명에 이르렀으며, 이중 60,000명만 학교에 입학할 수 있었다. 1943년에는 1,000,000명이 넘는 취학 아이들 중 단지 70,000명의 알제리 무슬림 학생들만이 학교 교육을 받을 수 있었다. 프랑스 식민지화 이후 알제리인들 중 제한된 인원만이 교육제도의 혜택을 받을 수 있었고 이 중 전문직에 종사하는 자는 그 수가 더욱 제한되어 전문 기술자 1,000여 명, 의사 41명, 약사 22명, 치과의사 9명, 변호사 70여 명, 대학 교수 10여 명과 500명의 교사가 전부였다. 1948년, 10세에서 14세에 이르는 알제리 어린이의 문맹률은 92.4%에 달했다. 결국, 프랑스 식민기간 동안 대부분의 알제리 국민은 이슬람식 교육도 프랑스식 교육도 받지 못하는 교육의 사각 지대에 놓이게 되었다.

알제리에 대한 군사 통치를 시작한 나폴레옹 3세(1808~1873)는 알제리는 식민지가 아니라 아랍 왕국이며, 알제리인과 프랑스인은 동등한 권리를 가진다고 선언했다. 그는 자신을 '아랍의 왕'으로 선언했고, 프랑스와 알제리가 평화롭게 공존하는 방안의 하나로서 프랑스-아랍어의 양 언어로 교육하는 이중언어 학교를 세웠다. 이 학교는 무슬림 행정가, 번역가, 교사를 포함하여 이중언어를 하는 소수의 1세대 알제리 엘리트를 양성하였고, 그들의 주 임무는 무슬림들의 문제를 다루는 것이었다.

이 학교는 아랍의 전통적인 학교(madrasa)를 프랑스어-아랍어 학교로 만드는 프랑스 동화 정책의 첫 단계였다. 이들 학교들은 이중언어를 하는 알제리 토착민들을 배출했고, 이들은 프랑스인과 알제리인들 간의 완충제 역할을 하는 흉내내기자로 양성되었다.

교사양성학교(Ecoles Normales)에서 알제리인 교사를 양성하는 방법과 교육 과정은 사회 개혁의 핵심이 되었고, 이중언어 정책은 아랍어를 희석시키는 주요 수단이자 통로가 되었다.

프랑스 식민정부는 표면적으로는 프랑스어와 아랍어의 이중언어 정책을 시행했지만, 프랑스어가 주 언어의 자리를 차지했고, 아랍어는 부차적인 언어로서 야만과 문명의 언어로 간주되었다. 1938년 3월 8일 프랑스 내무부 장관 쇼땅(Camille Chautemps)에 의해 제정된 법령에서는 프랑스어를 공식적인 식민지 언어로 강요했고, 이에 따라 프랑스어는 알제리의 행정어가 되어 지명, 언론 매체명, 간판, 표지판과 인명에도 사용되었다.

1946년에 프랑스 제4공화국 헌법에서는 프랑스의 옛 식민지와 부속령들은 본국과 더불어 프랑스 대통령을 수반으로 하는 '프랑스연합(Union Françise)'의 일원이 될 것이라고 규정했다. 더구나 알제리는 프랑스 연합의 일원인 동시에 여느 식민지와는 달리 알제(Alger), 오랑(Oran), 콩스탕티(Constantine)의 세 도로 이루어진 프랑스 공화국의 일부로 완전히 편입되었다.

1947년 법령 57조에서는 아랍어가 프랑스 연방 언어 중의 한 언어로 규정되었지만, 이 법령은 실행되지 않았고, 아랍어는 여전히 외국어로 남아 있게 되었으며, 1948년 프랑스 행정은 모든 아랍어 교사에게 프랑스어에 대한 지식과 프랑스 학위 취득을 강요하여 사실상 아랍어를 매장하려 했다.

프랑스 정부가 알제리에서 아랍어 탄압을 위해 시행한 행정 명령과 법령은 다음과 같다.

시기	구분	내용
1843. 3. 28.	프랑스 행정 명령	알제리 이슬람 학교의 재산 몰수
1850. 7. 14.	법령	알제리에 아랍-프랑스학교 설립
1881. 8. 26	편입에 관한 정령	알제리는 행정적으로 프랑스에 편입
1883. 2. 13	Jules Ferry 학제법	알제리 어린이들은 국립학교에서 프랑스어를 배우고, 아랍어와 타마지그는 가정에서 사용한다.
1938. 3. 8	법령	알제리에서 아랍어 사용 금지, 프랑스어가 공용어
1946.	프랑스 제4공화국 헌법	프랑스의 옛 식민지와 부속령들은 본국과 더불어 프랑스 대통령을 수반으로 하는 '프랑스연합(Union Françise)'의 일원이 된다.
1947.	법령 57조	아랍어는 프랑스 연방 언어중의 한 언어다.
1948.	프랑스 행정 명령	모든 아랍어 교사는 프랑스어에 대한 지식을 갖추어야 하고, 프랑스 학위를 취득해야 한다.

이러한 일련의 과정을 통해 볼 때 프랑스 식민 정부는 알제리에서 아랍어를 말살시키기 위한 언어 정책을 법령 발표 등을 통해 체계적으로 시행해왔고, 전술적 측면에서 일부 선택된 알제리 원주민을 흉내내기자로 양성함으로써 알제리에서 프랑스어를 고착화시키는 데 상당 부분 성공을 거두었음을 알 수 있다.

상기와 같은 식민 시대의 프랑스 언어 정책과 이를 통한 알제리 언어 상황에 비추어 볼 때, 알제리 독립 이후 알제리 정부가 아랍어 회복 운동에 전력을 기울인 배경과 이유를 짐작할 수 있다.

우리는 아랍인이다

1962년 알제리가 독립했을 때 알제리는 현대표준 아랍어, 알제리 구어체 아랍어, 프랑스어와 타마지그어가 사용되는 다중언어 국가로 변해 있었고, 대부분의 언어가 구어로 사용되고 있었다. 독립 당시 알제리 국민 대부분은 문맹자였으며, 이는 일반 국민에 대한 기본 교육을 도외시한 프랑스 식민 정부 교육정책의 결과였다.

1966년 알제리 인구 센서스

구분	인구 수(명)	비율(%)
문맹자	5,941,100	74.6
아랍어 문해(文解)자	435,000	5.5
아랍어, 프랑스어 문해(文解)자	841,000	10.6
프랑스어 문해(文解)자	712,300	8.9
기타 문해(文解)자	31,000	0.4
총계	7,960,400	100

출처: Abdallah Mazouni, 1969,
"Culture et enseignement en Algérie et au Maghreb", Paris, Francois Maspéro

상기 표에서 알 수 있는 것처럼, 독립 당시 알제리 전체 국민의 75%가 문맹인 상태로 남아 있었고, 알제리인들의 모어인 아랍어 문해자보다 프랑스어 문해자가 더욱 많았다.

이러한 현실을 반영해서 알제리 정부가 언어 정책의 기본 방향을 식민지 언어인 프랑스어를 배척하고 모어인 아랍어를 회복하는 아랍어화로 설정한 것은 당연한 귀결이라 할 수 있다. 즉, 문화적 측면에서 프랑스 식민 지배 시대 당시 알제리의 공용어였던 프랑스어를 척결하고, 민족어인 아랍어를 부활시켜 교육, 행정과 일상 생활의 언어로 회복하여 명실공이 알제리의 공용어로서 아랍어의 위상을 회복시키는 것이 무엇보다 중요한 아랍어화 정책의 배경이자 목적이었다.

종교적인 측면에서도 프랑스 식민 정부의 통치 기간에 심각한 위협을 겪은 이슬람을 회복시키기 위해서는 이슬람의 언어인 아랍어의 회복이 무엇보다 시급한 과제였다. 또한, 정치적으로 알제리가 아랍 연맹(Arab Union)의 일원으로 복귀하기 위해서는 아랍 연맹의 공식어인 아랍어로의 복귀 역시 중요한 선결 과제였다.

그러나 알제리 독립 정부는 아랍어화를 수행하기 위한 실천적인 교육 정책을 곧바로 수립하지는 못했고, 이를 실행하기 위한 현실적인 방안도 강구하지는 못했다. 독립 이후 1976년까지 알제리의 교육 체계는 프랑스 식민정부의 교육 체계를 그대로 유지했다. 초등교육은 6년 과정으로서 예비과정(2년), 기초과정(2년), 중급과정(2년)으로 구성되었고, 초등과정 이후 중등 교육 4년, 이후 3년간의 학사학위 과정으로 구성되었다.

1976년 교육 개혁에서는 6~16세 사이의 국민 기본 의무 교육 제도와 이후 3년간의 중고등교육 체계 두 가지 과정의 교육 제도를 만들어 시행했다. 이후 2004년 교육개혁에서는 6년(또는 5년)간의 초등교육, 4년간의 중등교육과 3년간의 고등교육 체계로 전환하였다. 초등과 중등교육은 교육부에서 담당하고, 고등교육은 고등교육과학연구부(Ministry of Higher Education and Scientific research)에서 담당했다.

그러나 이러한 교육체제의 정비와 아랍어화에 대한 국민적 열망에도 불구하고 아랍어화는 순조롭게 진행되지는 못했다. 1962년 독립 이후 제기된 아랍어화 문제는 알제리 사회를 양분시켰고, 이 갈등은 지금도 지속되고 있다.

식민 잔재를 청산하고 아랍어를 알제리의 실질적인 공용어로 발전시키기 위해서는 이를 위한 교육 시스템의 개발, 아랍어 교사의 양성, 아랍어 교재 편찬과 고등 교육 분야에서 아랍어 활용의 적합성, 노동 시장의 상황 등에 대한 조사와 이를 사용하는 일반 국민들의 인식 등 아랍어 교육과 활용을 위한 교육적·사회적 환경이 전제되어야만 한다.

그러나 알제리에서의 아랍어화는 이러한 여건이 갖추어지지 않은 채 감정적이며 정치적인 동기가 강하게 작용한 정치적 사안으로 간주되어 추진되었다. 아랍어화에 대한 정부와 국민의 의지는 확고했지만, 이를 구체화시켜 사회에 확산시키기 위한 장치와 준비가 부족했다 할 수 있다.

특히, 아랍어화의 방향과 관련해서 아랍어를 중심으로 한 단일언어 정책과 아랍어-프랑스어의 이중언어 정책 두 가지 방안이 제시되어 격렬한 논쟁이 제기되었다. 이러한 논쟁과 갈등을 정리하고 아랍어화 정책을 주도해나갈 정치·교육의 주체가 미약했고, 집권당과 집행 주체의 성격에 따라 아랍어화가 다양하게 진행되는 등 혼선을 빚어왔다. 따라서 독립 이후 알제리 아랍어화의 역사는 상기 두 주장의 대립과 논쟁의 역사라 할 수 있다.

아랍어를 중심으로 한 단일언어 정책은 알제리에서 아랍과 이슬람의 정체성을 되찾고 아랍민족주의(Arab nationalism)에 뿌리를 둔 이슬람 국가를 건설하는 것이었다. 이들은 프랑스어를 포함한 외래어의 사용은 극힌 제한된 부문으로 국한하고, 일상의 언어는 물론 교육, 행정, 경제 활동 등 사회 분야 전반에 걸쳐 아랍어의 사용과 확산을 주장했다. 이들은 프랑스어를 포함한 외래어의 사용은 이미 훼손된 알제리의 정체성을 고착화시키고, 아랍어의 회복에 결정적인 장애가 된다고 생각했다.

반면에, 아랍어-프랑스어 이중언어 정책은 아랍어를 배척하는 것이 아니라, 아랍어와 함께 프랑스어를 유지하자는 주장으로서 알제리의 현대화를 위해서는 외래 문명의 수입과 활용이 필요한 만큼 언어 사용 영역에 따라 프랑스어를 포함한 외국어를 활용하자는 주장이다. 이들은 정치적으로 알제리 국가 개발의 중요성을 강조함과 동시에 알제리의 이슬람 국가화를 경계했다.

상기 두 주장의 논쟁은 시간의 흐름에 따라 그 변화의 추이가 발견된다. 독립 직후에는 알제리의 정체성 회복과 주권 확립에 대한 열망이 강하게 작용하여 아랍어를 중심으로 한 단일언어주의자들의 주장이 힘을 얻었고, 시간의 흐름에 따라 알제리 현대화에 대한 요구가 강해지자 이를 위한 아랍어-프랑스어의 이중언어주의자들의 주장이 호응을 얻었다. 이는 독립 알제리 정부의 대통령의 정책 수행 과정에서 확인할 수 있다.

① 아흐메드 벤 벨라(Ahmed Ben Bella, 1962~1965) 대통령

독립 알제리의 초대 대통령인 아흐메드 벤 벨라는 아랍 국가로서, 아랍인으로서 알제리의 정체성 회복에 많은 노력을 기울였다. 이는 '우리는 아랍인이다, 우리는 아랍인이다, 우리는 아랍인이다'라는 반복적인 외침을 통해 아랍 민족주의를 구축하려는 그의 열정에서도 확인할 수 있다.

그는 그의 이념을 실현하기 위해 아랍어화 정책을 강력하게 추진했다. 그는 1962년 10월 이후, 모든 학교에서 아랍어 교육을 주당 7시간씩 실시하도록 했고, 1963년 이후에는 주당 10시간으로 확대했다. 1964년에는 예비 학교의 모든 수업을 아랍어로 하도록 했고, 이집트에서 1,000명의 초등학교 아랍어 교사를 수입하여 아랍어 교사 부족 문제를 해결하려 했다.

② 부메디엔(Houari Boumediène, 1965~1978) 대통령

Hourari Boumediène 대통령은 전임 대통령인 벤벨라가 추진했던 아랍어화 정책을 계속 추진했다. 그는 "민족어인 아랍어의 본질적인 요소들을 회복시키지 않고서는 우리의 정체성을 회복하려는 노력은 헛된 일이며, 우리는 영혼이 없는 육체와 같을 것이다"라는 그의 주장에서 아랍어화에 대한 그의 의지를 확인할 수 있다.

그는 1966년에 중등학교에서 아랍어로 역사 강의를 하도록 하는 법령을 발효했고, 모든 학교의 아랍어 교사는 이슬람 강좌를 주당 30분씩 강의하도록 했다. 1967년에는 시리아 자원 봉사 교사의 도움으로 초등학교 교육이 완전히 아랍어로 이루어졌고, 1971년에는 중등교육이 아랍어로 시행되었다. 1975년 이후에 프랑스어는 초등학교의 상급 학년에서 제한적으로 교육되었다. 중등학교에서 인문학 교육은 아랍어로 이루어졌고, 프랑스어로 진행되던 수학과 과학 과목은 1/3이 아랍어로 진행되었다. 1976년에는 사립학교와 기독교 단체에서 운영하는 학교들은 아랍어화를 거부하는 사람들의 교육 기관으로 간주하여 폐교시켰다.

③ 샤들리(Chadly Ben Djedid, 1979~1992) 대통령

샤들리 대통령의 집권 이후 아랍어화 정책은 더욱 강화되어 그동안 대학에서 프랑스어로 강의되던 사회학, 정치학, 법학, 경제학 등의 강의가 아랍어로 진행되었고, 아랍어로 수학한 학사 학위자가 배출되었다.

초등 교육에서는 1981년 이후 수학이 아랍어로 교육되었고, 프랑스어는 프랑스어 교육에만 국한되었다. 중등 수학 교육에서도 점차 아랍어화가 진행되어, 1989년에는 아랍어로 수학한 수학 학사 학위자가 배출되었다. 1991년 7월 22일 알제리 고등 교육부는 고등 교육을 완전히 아랍어로 하는 법령을 발표했다.

④ 국가최고위원회(1992~1994)와 제루알(Liamine Zeroual, 1994~ 1999) 대통령

알제리의 정치적 혼란으로 인해 1992. 1월 장기 집권을 했던 샤들리(Chadly Ben Djedid) 대통령이 사임한 이후 임시로 국가 운영을 맡았던 알제리 국가최고위원회 의장인 부디아프(Mohamed Boudiaf, 1992)는 학교 교육을 '재난'으로 표현하며 아랍어화 교육의 문제점을 지적하고 아랍어화 정책에 제동을 걸었다.

독립 이후 지속적인 아랍어화 정책의 수행과 재정적 투자를 했지만 아랍어 교사들의 수준은 여전히 기대에 미치지 못했으며, 강의 교재는 학습자의 창의력과 지적 능력을 개발하지 못하는 등 이 정책의 결과는 알제리인들의 학력과 지적 능력의 저하라는 결과만을 초래했다고 판단했다.

아랍어화 정책에 대한 이러한 비판에 대해 아랍어화를 주장하는 사람들은 프랑스어 대신 영어 교육을 대안으로 제시했고, 일부 국민들의 지지를 받았지만, 이 역시 효과적으로 실행되지는 못했다.

1992년 6월 부디아프(Mohamed Boudiaf) 의장이 피살된 이후 정치적 혼란을 거친 후 대통령에 당선된 제루알은 아랍어를 일반 국민들에게 보급하기 위한 법령을 1996년 발표했지만, 이 역시 제대로 시행되지는 못했다.

⑤ 부테플리카(Abelaziz Bouteflika, 1999~현재)

부테플리카 대통령은 2,000년에 국가교육개혁위원회(CNRSE, National Commission on Reforming the Education System)를 설립하여 위원회의 주도하에 교육 개혁을 주도하고 있으나, 현재까지 구체적인 성과는 거두지 못하고 있다.

이처럼, 독립 이후 알제리 정부는 아랍어화 정책을 일관되게 추진해 왔으나 성공적이라 평가할 수는 없다. 알제리 국가교육개혁위원회의 위원인 벤야우(Madjid Benyaou)는 알제리의 일간지 르 마틴(Le Martin, 2001. 7. 31)지와의 인터뷰에서, '알제리 교육은 교육 수행 부문과 교육 제도와 조직 및 체계 부문에 중대한 결점을 안고 있다'라고 고백했다.

엄청난 재정적 지원과 노력에도 불구하고 대학의 졸업 시험 통과율은 24,6%, 국민 기본 교육 검증(Certificate of Basic Education) 통과율은 33.1%에 불과했다(2000년 기준). 또한 초등 교육(26%)과 중등 교육(32.2%)에서의 유급율도 심각한 수준에 달했다(1999년 기준).

상기와 같은 결과는 아랍어를 언어 매개로 한 공공 교육이 기대한 만큼의 성과와 효과를 거두지 못했으며 국민들의 지적 수준을 향상시키는 데도 기여하지 못했음을 의미한다.

이는 아랍어가 갖고 있는 언어적인 한계라기보다는 아랍어화 정책을 충실하게 수행할 수 있는 알제리의 국가, 사회, 정치, 경제적 환경과 기반이 미약했기 때문이다.

아랍어를 알제리의 언어로 회복시키기 위한 열망은 뜨거웠으나 구호에 그쳤을 뿐, 이를 뒷받침하고 실행시킬 수 있는 정치적 안정을 이루지 못했고, 경제 개발과 분열된 사회 통합의 실패, 강력한 지도력의 부재 등이 독립 이후 알제리를 후진국 상태에 머물게 했으며, 이런 환경에서 아랍어화는 기본적으로 한계를 가질 수밖에 없었다.

또한 아랍어화를 추진하기 위한 사회적, 교육적 인프라도 충분히 갖추어지지 못했다. 1962년 독립 직후 알제리는 취학 연령 아동들이 급격하게 증가했다. 이는 전술한 것처럼 프랑스 식민정부가 대중 교육을 등한시함에 따라 대부분의 국민들이 정규 교육을 받지 못한 채 방치되어 있었기 때문이다.

독립과 함께 이들 소외 계층에 대한 교육의 필요성이 제기되었지만, 폭발적으로 증가한 알제리의 취학 아동들을 교육시킬 수 있는 교육적 인프라는 구축되지 못했다. 학생들을 수용할 수 있는 학교의 수도 절대적으로 부족했고, 이들을 교육할 수 있는 교사의 수도 부족했다. 1964년 9월, 알제리 종교부는 아랍어 교육을 위해 이슬람연구소를 설립했고, 이는 아랍어화를 수행하기 위한 아랍어 교사 양성이 주요 목표였지만, 충분한 수의 교사를 공급하지는 못했다. 자체적으로 교육기관 현장에서 아랍어화 정책을 시행하기에 충분한 능력 있는 아랍어 교사를 확보하지 못한 알제리 정부는 이집트, 시리아 등의 인근 아랍 국가에서 자격을 갖춘 아랍어 교사를 수입해야만 했다.

1966년 아랍어화 정책이 시행된 이후 알제리의 초등학교 아랍어 교사 13,000명 중 27%인 3,500명이 외국인 알제리 교사였고, 그중에서 자격을 갖춘 이는 1,500명에 불과했다.

다른 국가에서 온 아랍어 교사들은 타마지그어뿐만 아니라 알제리 아랍어에도 익숙하지 못해 알제리 학생들과의 의사소통에 장애를 겪었고, 이들의 교수법은 기본적으로 암기 중심의 꾸란학교의 교수법을 따랐지만 개별적인 방법에서는 차이가 있어 학생들의 아랍어 교육에 혼란을 초래했다.

아랍어 교육에 필요한 적절한 교재도 개발되지 못했다. 대부분의 교재는 알제리에서 출판되었지만, 이 교재들은 학생들의 창의성과 능력을 개발하는 데 적합하지 못했고, 현대 사회에 대한 적응력도 떨어졌다. 또한 학교와 교사의 부족으로 인한 오전 오후의 2부제 수업은 교사들에게 과도한 부담을 주었고 이는 결국 수업의 질 저하를 초래했다.

독립 이후 50여 년의 짧지 않은 기간이 지났지만, 알제리의 언어 상황은 여전히 아랍어와 프랑스어 및 타마지그어의 혼재 현상을 계속하고 있고, 그 혼란도 가중되고 있다. 정부의 강력한 아랍어화에 대한 의지에도 불구하고, 서구식 교육을 받은 일부 알제리인들은 아랍·이슬람인으로서의 정체성보다 유럽·프랑스인으로서의 정체성을 선호하는 경향도 보이고 있다.

상기와 같은 상황에서 알제리에서 아랍어화의 성공을 위해서는 아래와 같은 최소한의 전제 조건이 요구되리라 본다.

① 독립적인 아랍어화 정책의 수립

아랍어화 정책은 국가 지도자 및 정당의 사상 및 이념과 무관하게 독립적으로 판단되고 결정되어야 한다. 그러나 알제리 독립 이후 현실 정치에서 아랍어화 정책은 각 정당의 이념적 논리의 영향을 받아 왔다. 비록 언어 정책은 언어적인 문제인 동시에 정치·사회적 문제라 해도 장기적인 안목에서 독립된 기관에 의한 지속적인 언어 정책의 개발과 시행이 필요하다. 아랍어 연구를 담당하고 있는 아랍어 학술원(Majmaʕ al-Lughah al-ʕarabiyyah) 등의 기능을 강화하고 독립적인 권한과 책임을 부여하는 것도 방안일 것이다.

② 종교와 언어의 분리

아랍어를 이슬람의 언어로만 파악하여 그 종교적인 특징을 강조하면, 아랍어의 언어적인 기능은 훼손될 수밖에 없다. 이슬람의 특성상 아랍어와의 관계를 단절할 수는 없지만, 이슬람의 언어로서 아랍어의 기능과 의사소통과 기록을 포함한 실제 생활에서 아랍어의 기능은 분리되어 이해되어야 한다.

따라서 자연어로서 아랍어의 기능을 강화, 발전시키기 위한 연구가 필요하고, 일상 생활뿐만 아니라 현대 과학과 기술의 발전에 대응할 수 있는 개별 언어로서 아랍어의 기능을 발전시켜야 한다.

③ 외국어를 포함한 알제리 언어 변종들의 역할 반영

현실적으로 알제리에서 아랍어는 직업과 고용 분야까지 그 사용 범위가 확대되지 못하고 있고 프랑스어가 여전히 그 위치를 차지하고 있다. 아랍어는 알제리에서 공용어로서 교육과 문화의 중요한 언어임에도 불구하고 직업 분야에서는 프랑스어가 여전히 가장 중요한 언어로 간주되고 있다.

알제리의 국가기획연구센타(CENAP, Centre of Studies and Analyses for Planning)의 조사에 의하면, 사회, 직업, 교육 분야에서 프랑스어의 역할에 대해 응답자의 73%가 긍정적인 반응을, 24%가 부정적인 반응을 보였다(CENAP, 2000, 21). 또한 초등학생들에게 직업을 구하는 데 보다 효과적인 언어를 선택하라는 질문에 대해 88.5%가 프랑스어, 11.5%가 아랍어로 답했다.

고등 학문과 직업 분야에서 적절히 대응하지 못하고 있는 아랍어의 현실이 이러한 응답에 영향을 끼친 것으로 판단된다. 전 세계적인 글로벌화(globalism)가 확산되고 있는 이 시점에서, 아랍어가 현대 사회의 발전과 변화에 신속하게 대응하지 못한다면, 이를 담당할 외국어를 수용하여 활용하는 것이 현실적인 대안이 될 것이다. 물론, 아랍어가 현대 사회의 변화와 요구에 부응할 수 있도록 아랍어의 발전을 위한 연구는 지속적으로 계속되어야 한다.

④ 지속적이며 안정적인 경제 발전과 정치 안정

알제리에서 모어인 아랍어가 일반 대중들의 호응을 얻기 위해서는 무엇보다 알제리의 경제 발전과 정치적 안정이 수반되어야 한다. 국가의 경제력이 곧 모어의 경쟁력과 자부심이 되고 있는 현대 사회에서 아랍어의 지속적인 발전과 확산을 담보할 수 있는 것은 알제리 국가 자체의 발전이기 때문이다.

알제리에서 아랍어의 정체성을 지키려는 알제리인들의 의지를 구체화시키기 위해서는 폐쇄적인 언어 정책보다는 보다 개방적이며 진취적인 언어 정책이 필요하다고 판단되며 이를 수행할 수 있는 책임 있는 기구의 설립이 무엇보다 우선시되어야 한다고 본다.

19~20세기 유럽 제국주의 국가들은 북부 아프리카 대부분의 국가들을 식민지로 지배했고, 이 기간 동안 식민지 국가는 식민 지배 국가의 사회적·문화적·언어적 영향을 수용할 수밖에 없었다. 이들 제국주의 국가들 중 프랑스의 식민지 문화정책은 가장 철저하며 치밀하게 진행되었고, 이는 프랑스 식민 지배를 받은 국가들이 독립 이후에도 프랑스의 영향력 하에서 벗어나지 못하고 있다는 점에서 입증된다.

식민지 국민을 프랑스화시키려는 프랑스의 동화 정책은 식민지 언어 정책을 통해 구현되었고, 프랑스의 지배를 가장 오랫동안 받은 국가 중의 하나인 알제리에서 그 흔적이 깊게 남아 있다.

프랑스 식민 정부의 언어 정책으로 인해 야기된 혼란으로 인해 알제리의 식민지 국민들은 프랑스 흉내내기를 포함한 심리적 혼란을 겪으며 자신의 정체성을 상실해갔다. 알제리인들은 자신의 언어인 아랍어를 포기하고 프랑스어를 채택함으로써 사회적 진출과 신분 상승이라는 기회를 얻을 수 있었고, 동시에 알제리인으로서의 정체성 상실이라는 대가를 치러야만 했다.

프랑스의 이익과 권리를 대변할 수 있는 친프랑스 세력의 양성과 이들을 통한 대리 통치, 프랑스어에 사회적·언어적 지위를 부여함으로써 식민지 국민 스스로 모어인 아랍어를 포기하고 프랑스어를 선택하게 한 프랑스 정부의 언어 정책은 고도의 식민지 관리 전략이라 할 수 있다. 결국 프랑스 정부의 프랑스어를 통한 알제리 국민의 심리적·정신적 지배는 큰 성공을 거두었다 할 수 있다.

독립 이후 알제리의 정치적 혼란과 분열, 경제의 침체, 정치 지도자의 장기 집권 및 무능과 부패 등으로 인해 알제리의 정치, 사회, 경제 발전이 제대로 이루어지지 못했고, 이는 결국 프랑스로 대변되는 식민주의 세력이 신제국주의를 발전시키는 토양을 제공했다.

독립 이후 대부분의 알제리 지도자들이 아랍어화 정책을 강조하고 시행했지만, 기본적으로 당리당략에 따른 전략적 의도를 내포하고 있어, 아랍어화에 대한 국민의 열망과 기대에 충분히 부응하지 못했다.

따라서 독립 이후 알제리의 복잡한 언어 상황은 스스로 정치적·사회적·문화적 안정과 경제적 낙후를 극복하지 못한 알제리의 한계와 과거 식민시대의 향수를 갈구하고 있던 프랑스의 신제국주의 정책의 결과라 할 수 있다.

1990년대 아랍어 단일언어 정책은 퇴조하고 2004년 교육 개혁에서는 이중언어 정책이 추진되었다. 또한 영어를 포함한 제3의 언어에 대한 개방정책도 함께 시행되었다. 알제리의 정치적 불안과 경제적 어려움이 여전히 계속되고 있는 상황에서 서구 문명의 언어로 간주되는 프랑스어를 포함한 외국어의 알제리에 대한 영향력은 더욱 지속되리라 전망된다.

이미 글로벌한 21세기 사회에서 매일매일 변하는 세계의 변화를 알제리인들도 체감하고 있는 사실을 반영할 때, 아랍어의 발전을 위한 진흥책과 함께 과감한 외래어의 수용 및 활용은 알제리의 언어 상황 개선은 물론 아랍어 자체의 발전을 위해서도 필요하다고 판단된다. 물론, 이러한 변화와 시도는 알제리를 포함한 대부분의 아랍어 공동체에 공통적으로 적용되어야 할 제언이기도 하다.

참고문헌

이송희. 2003. "Francophonie와 알제리". 『한국프랑스학논집』 제42집.

이용재. 2003. "알제리 전쟁과 프랑스인-식민 통치의 상흔과 기억의 정치학". 『역사비평』 여름호 제63호.

임기대. 2008. "다언어국가로서 알제리의 언어 사용·정책에 관한 연구-베르베르어의 경우". 『한국프랑스학논집』 제42집.

정일영. 2009. "알제리의 언어 정책에 관한 고찰-아랍어와 프랑스어를 중심으로". 『中東研究』 제28권 2호.

Bhabha Homi K. 1996. 'Of Mimicry of man,' The Location of Culture: Discussing Post-Colonial Culture, London: Routledge.

Benghida Sonia. 2006. "Language Planning and Policy Attitudes in Algeria". IBS Journal of Science. Volume 1 Number 2.

Bouhania B. 1998. "The Substitution of French Loan Words for Arabic Counterparts, Oran Arabic: A Case Study". M.A. Thesis. University of Mostaganem.

CENAP. 2000. Perception et pratique des langues érangèes dans le systèe éucatif algéien. issue 18.

Chaulanges. M. 1978. Textes Historiques 1871-1914, Manry, R, Seves (eds).

Fanon, Frantz. 1961.The Wretched of the Earth. New York: Grove Press.

Fanon, Frantz. 1967. Black Skin, White Masks. New York: Grove Press, 1967.

Ferguson C. 1959. Diglossia. Word 15.

Grandguillaume, Gilbert. 2005. "Country Case on the Language of Instruction and the Quality of Basic Education Policy of Arabization in Primary and Secondary Education in Algeria". Education for All Global Monitoring Report. UNESCO.

Maamri, Malika Rebai. 2009. "The Syndrome of the French Language in Algeria".

International Journal of Arts and Sciences. Vol. 3. No.3.

Mansori. A. 2003. "Algeria between Tradition and Modernity: The Question of Language". Ph.D. Thesis: Political Science. USA.

Mazouni. Abdallah. 1969, "Culture et enseignement en Algérie et au Maghreb", Paris, Francois Maspéro.

Morsy, Magali. 1984. *North Africa 1800-1900: A Survey from the Nile Valley to the Atlantic*. New York: Longman.

Mostari, Hind Amel. 2005. "The Language Question in the Arab World: Evidence from Algeria". *Journal of Language Learning*. Vol. 3. No.1.

Noureddine. Mouhadjer. 2002. "Algeria: An Intricate bilingual and diglossic situation". ACTAS/proceedings Simposio Internacional Bilinguismo.

Saada. El Hadi. 1983. *Les langues et l'éole. Bilinguisme inéal dans l'éole algéienne*, Berne, Peter Lang.

Sid Haoues Ahmed. 2008. "Code-Variation among Algerian University Students". Ph.D. Thesis. Mentouri University. Constantine. Algeria.

Stevens, P.B.1983. "Ambivalence, Modernisation and Language Attitudes: French and Arabic in Tunisia". *Journal of Multilingual and Multicultural Development*, 4, (2)

5장

지중해의 중심 튀니지의 언어 혼종

아랍 연맹에 속한 22개국의 공용어는 아랍어다. 이는 그들의 헌법에 규정되어 있음에도 불구하고 아랍인들이 모어인 아랍어보다 외국어인 프랑스어와 영어에 더 익숙하며 이를 선호하는 이유는 무엇일까? 특히, 북아프리카 지

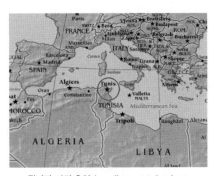

튀니지, 사진 출처: http://www.mixdecultura. ro/2012/11/tunis/

역에서 프랑스의 지배를 받은 아랍·이슬람 국가들은 다문화 또는 다언어 국가로 정의될 만큼 프랑스 문화와 프랑스어의 영향력이 지배적인 이유는 무엇일까? 이는 국제 공용어로서 영어의 위상과 프랑스어의 국제적 영향력만으로는 충분한 설명이 되지 못한다.

상기의 의문점에 대한 답은 튀니지에서 찾을 수 있을 것 같다.

튀니지는 AD 7세기 이슬람화된 이후 이슬람 국가로서의 정체성을 현재까지 유지하고 있으며, 전체 국민의 98%가 무슬림(2011년 기준)이다. 근대 이후 인근 북아프리카 국가들처럼 프랑스의 식민 지배를 받았으며, 1956년 독립 이후 아랍어화(Arabization) 정책을 꾸준히 실행해왔다. 1991년 7월에는 교육제도에 관한 새로운 법률을 제정하여 교육 전 과정에 대한 무상교육을 실시하고 있으며 아프리카 대륙 국가 중에서는 문맹률(25.7%, 2011년 기준)[1]도 매우 낮은 수준이다.

상기와 같은 역사적 배경을 갖고 있는 튀니지는 언어적으로 공용어인 아랍어에 식민 지배 국가의 언어였던 프랑스어가 수용·융합되어 각자의 기능적 역할을 수행하고 있는 다소 혼란한 사회언어적 특징을 보여주고 있다.

이러한 혼란의 배경에는 70여 년에 걸친 프랑스의 식민 지배가 커다란 역할을 했기 때문에, 식민 지배 기간 동안에 프랑스 정부가 실시한 언어 정책과 독립 이후 튀니지 정부가 실시한 언어 정책 및 방송, 신문과 잡지 등의 대중 매체에서 사용되고 있는 언어 변종에 대한 연구를 통해서 튀니지의 언어 상황, 특히 튀니지에서 사용되고 있는 외국어의 사용 현황 및 그 수용 실태를 파악할 수 있을 것이다.

따라서 이 글에서는 튀니지의 사회 언어학적 환경을 분석하고, 현재의 복잡한 튀니지의 언어 상황은 1881년 이후 프랑스 식민 정부의 언어 정책에 기인하는 바가 크다는 판단하에 식민지 시대 프랑스 정부가 실행한 언어 정책을 검토할 것이다. 또한 1956년 독립 이후 튀니지 정부가 실행한 아랍어화를 중심으로 한 언어 정책의 배경과 추

---

1) https://www.cia.gov/library/publications/the-world-factbook/geos/ts.html

이에 대한 분석은 현재의 튀니지 언어 상황에 대한 이해에 도움이 되리라 판단한다.

일반 대중의 언어 생활에 직접적인 영향을 끼치는 대중매체의 언어 변종과 현재 튀니지 사회에서 사용되는 언어 변종에 대한 원화자들의 인식은 프랑스어를 포함한 외래어를 수용한 튀니지의 언어 상황을 파악하는데 매우 유용하리라 생각한다.

이 글은 튀니지의 언어 상황 자체에 대한 분석이 목적이 아니라, 이문화와 이언어 접촉의 결과로 인한 언어 융합 과정과 이에 영향을 끼치는 요인으로서의 언어 정책 및 그로 인한 사회 현상을 연구하는 것이 목적이다. 이를 통해 언어를 통한 이문화 간의 교류와 그 수용 과정 및 결과를 분석하고자 한다.

튀니지, 지중해의 모든 문명을 담다

지중해 남부, 북부 아프리카의 중심에 위치해 있는 튀니지는 그 지역적 특성으로 인해 일찍부터 정착 환경이 마련되었고, 그로 인해 고대부터 많은 이민족의 침략과 피지배의 역사를 갖고 있다. 튀니지는 '푸른 튀니지(Tūnis Al-Khaḍra)'로 불릴 만큼 인근의 다른 북부 아프리카 국가들에 비해 농경이 가능한 토지가 많고, 지중해 무역의 허브 역할을 담당하고 있어 제국주의 국가들의 탐욕의 대상이 되었다.

연대기상 튀니지에 가장 먼저 도착한 민족은 BC 3000년경 북부 아프리카에 정착한 베르베르인들이며, 이후 페니키아인들이 이 지역을 점령하여 카르타고 왕국(BC 814~146)을 건설했다. 중계 무역을 통해 지중해의 거대한 해상 왕국으로 발전했던 카르타고 왕국은 신생 로마제국과의 세 차례에 걸친 전쟁(포에니전쟁)에 패배함으로써 멸망하고, 이 지역은 약 500년 동안 로마의 지배를 받았다(BC 146~AD 349).

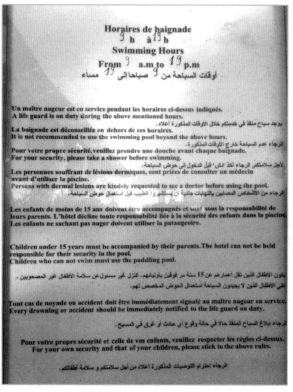

아랍어-영어-프랑스어 다국어 안내문

천년 제국 로마의 튀니지 지배는 AD 4세기 중반에 끝났고 이후 게르만족의 지류인 반달족과 비잔틴 제국이 튀니지를 차지했다. 이후 AD 7세기 이슬람으로 무장한 아랍인들이 튀니지를 지배한 이후 현재까지 튀니지는 아랍·이슬람 국가의 일원으로 남아 있다. 물론, 이슬람 제국인 압바시야 제국의 몰락(AD 1258) 이후 튀니지는 오스만 투르크 제국의 지배를 받았지만, 이 당시에도 종교적으로는 여전히 이슬람 국가로 남아 있었고, 1881년 이후 유럽 제국주의 국가인 프랑스의 70여 년에 걸친 식민 지배를 거쳐 1956년 독립하여 현재의 튀니지에 이르고 있다.

상기와 같은 복잡한 튀니지의 역사적 변천은 튀니지의 국가 정체성 형성은 물론 튀니지에서 사용되는 언어 변종에도 심대한 영향을 끼쳤다.

튀니지의 원주민이라 할 수 있는 베르베르인들이 사용하는 타마지그어(Tamazigh)는 튀니지의 토착어라 할 수 있지만, 현재는 베르베르인들의 감소와 사회적 영향력 약화로 인해 0.5% 미만의 사람들이 자브라(Jebra) 섬과 마드인(Mednine), 타따윈(Tataouine) 등의 일부 남부 지역에서만 제한적으로 사용되고 있다. 이는 인근 마그립 국가인 알제리에서는 1993년에 타마지그어가 국가 공용어로 지정된 것에 비하면 알제리와 유사한 역사적 변천 과정을 경험한 튀니지 언어 상황의 특징이라 할 수 있다.

페니키아인들이 튀니지에 건국한 카르타고 왕국의 지배 기간 동안에는 페니키아인들의 언어인 푸닉어(Punic Language)가 튀니지에 광범위하게 확산되어 타마지그어-푸닉어의 이중언어 상황이 만들어졌다. 푸닉어는 3차 포에니전쟁에서 패전한 카르타고 왕국이 로마에 멸망(BC 146)한 이후에도 약 6세기에 걸쳐 튀니지에서 계속적으로 사용되었다. 그 결과 로마가 지배한 시기에 튀니지의 공용어는 라틴어였지만, 타마지그어-푸닉어-라틴어가 동시에 사용되는 다중언어 현상이 나타났다.

 게르만족 계통의 반달족이 튀니지에서 로마를 축출한 이후 튀니지에서는 반달족의 언어인 그리스어가 사용되었고 이는 동일한 그리스 계열인 비잔틴 제국의 튀니지 지배 시기에도 그리스어가 주로 사용되었다.

튀니지 이슬람 전통 교육의 중심지 카이로완 사원

 라틴어와 햄어가 주로 사용되던 튀니지에 대표적인 셈어인 아랍어를 확산시킨 것은 아랍인들이었다. 이슬람의 교조 무함마드의 사후(AD 632) 시작된 아랍·이슬람 정복은 AD 647년 튀니지를 정복했고 현재까지 튀니지를 아랍·이슬람 국가의 일원으로 남게 했다. 이후 약 1,000년간 지속된 아랍·무슬림의 지배 기간 동안 아랍어는 튀니지의 확고한 공용어가 되었고 현재까지도 튀니지의 명실상부한 공용어의 위치를 차지하고 있다.

16세기 후반 아랍·이슬람 제국의 몰락과 함께 그 뒤를 이은 오스만 투르크 제국은 인종적으로는 중앙아시아 출신의 유목민이었지만, 이미 종교적으로 이슬람화되었고, 이들의 지배 기간에도 튀니지는 여전히 이슬람 국가로 남아 있었다. 오스만 투르크 제국의 지배 기간 동안 튀니지의 공용어는 투르크어였지만, 아랍어는 이슬람 국가의 언어로서 여전히 막강한 영향력을 갖고 있었다.

남부 지중해의 요충지에 위치한 튀니지는 해상 활동을 강화한 유럽 국가들의 해상 교역을 위한 거점지로서 탁월한 지리적 장점을 갖고 있다. 그 결과 프랑스와 이탈리아의 무역상과의 교역이 활발해졌고, 상업 교역을 위한 피진어(pidgin)가 발달하기도 했다. 이 피진어는 아랍어, 프랑스어, 스페인어, 무어어, 이탈리아어, 코르시카어, 말타어, 타마지그어와 투르크어 등이 혼합된 상업 구어체 언어로서 구어체뿐만 아니라, 상업 계약서와 외교문서에도 사용될 정도로 발달했다.

튀니지에서 프랑스어는 프랑스가 바르도(Bardo) 조약을 통해 튀니지의 군사, 재정과 외교권을 확보한 1881년 이후 그 영향력이 확대되었다. 프랑스의 튀니지 점령 기간 동안 프랑스 정부는 다른 북부 아프리카 국가에서처럼 튀니지에 세운 프랑스 학교를 통해 프랑스 문화와 언어를 집중적으로 보급·확산시켰고, 교육과 언론 및 행정을 장악했다. 프랑스 점령 기간 동안 프랑스어 중심의 교육이 이루어졌고, 아랍어에 타마지그어와 다양한 외국어가 혼합된 튀니지 구어체 아랍어의 사용이 확산되어 아랍어의 표준어라 할 수 있는 고전 아랍어는 이슬람 종교 학교에서만 제한적으로 사용되었다.

튀니지 지성의 상징 이븐 칼둔

이 기간 동안 프랑스어는 튀니지 상류 계층의 언어, 과학과 기술의 언어, 현대 언어, 교양어 등으로 인식되어 사용이 권장되었고, 프랑스 계열 학교에서 교육받은 튀니지인들은 독립 이후에도 사회 상류층과 엘리트 계층을 형성하여 튀니지의 국가 발전을 주도하였다. 그 결과 프랑스어는 독립 이후에도 이미 프랑스화된 튀니지 지도 계층의 언어로서 여전히 확고한 언어적, 사회적 영향력을 유지할 수 있었다. 특히, 이들은 언어 정책을 자신들의 집권과 권력 연장을 위한 정략적 수단으로 활용함으로써, 독립 이후에도 아랍어의 부흥과 발전은 한계를 지닐 수밖에 없었다.

1956년 독립 이후에 튀니지 역시 다른 신생 아랍 독립 국가들처럼, 국가 발전 방향에 대해 아랍주의자와 서구주의자 간의 갈등이 첨예하게 대립했고, 이와 관련하여 언어 문제도 아랍어와 프랑스어 간의 줄다리기가 계속되었다. 독립 이후 아랍 민족주의로 무장한 민족주의자들은 아랍어를 부흥시키기 위해 아랍어화 실현을 위한 부단한 노력을 하였지만, 튀니지의 근대화와 경제 발전을 위해서는 서구 문화와 기술을 과감하게 수용해야 한다는 진보주의자들의 요구 역시 강력하게 대두되었다.

그 결과 아랍어와 함께 서구 과학 문명의 언어를 대변하는 프랑스어가 독립 튀니지에서도 굳건한 기반을 구축할 수 있었고, 프랑스 식민 정부의 교육을 받은 튀니지 관료들에 의해 프랑스어는 오히려 아랍어보다 우위의 언어(prestige language)로 인식되게 되었다.

아랍어와 프랑스어의 기존의 줄다리기에 최근에는 국제어로서 영어의 역할이 강조되어 프랑스어와 영어간의 경쟁도 가열되고 있어, 튀니지는 아랍 · 이슬람 국가로서의 국가 정체성을 가지고 있음에도 불구하고 언어적으로는 다중언어사회의 특징을 보이는 등 매우 복잡한 양상을 띠고 있다.

현재 튀니지에서 전술한 다양한 언어 변종이 사용되고 있고, 다양한 문명층이 공존하고 있는 것은 사실이지만, 이를 근거로 튀니지를 다중언어, 다중문화 사회로 규정하는 것은 성급한 판단이다.

이문화간 교역에서 타 문화권의 언어가 기층문화에 흡수되는 것은 지극히 자연스러운 현상이며 이는 튀니지만의 특징이라 할 수는 없다. 토착어인 타마지그어 외에 푸닉어, 라틴어, 그리스어, 터키어 등의 어휘들이 튀니지에서 사용되고 있지만, 그 사용 범위가 극히 제한적이어서 이를 근거로 튀니지를 다중언어 사회로 규정지을 수는 없기 때문이다. 또한 프랑스 식민 정부의 혜택을 받은 인사들이 독립 후 사회 지도층을 형성하고 이들에 의해 만들어진 사회 상층부의 프랑스 문화와 프랑스어 확산 현상을 튀니지 전체를 관통하는 일반적인 현상으로 규정하기에도 역시 무리가 있다.

튀니지의 역사적 변천과 언어 변종

지배 국가	연대	언어	현재 상태
베르베르	BC 3,000~BC 814	타마지그어	남부 일부 지역에서 사용
카르타고	BC 814~BC 146	푸닉어	사어
로마	BC 146~AD 349	라틴어	사어
반달	AD 439~AD 533	그리스어	일부 잔존
비잔틴	AD 533~AD 647	그리스어	일부 잔존
아랍	AD 647~AD 1574	아랍어	공용어
오스만 투르크	AD 1574~AD 1705	투르크어	일부 잔존
프랑스	AD 1881~AD 1956	프랑스어	제2언어
독립 튀니지	AD 1956~현재	아랍어	공용어

애증의 언어, 프랑스어

프랑스의 언어 정책

튀니지의 역사 변천 과정에서 확인할 수 있듯이, 튀니지는 고대에서부터 현대에 이르기까지 외부 세력의 오랜 침탈과 지배를 경험했고, 그 결과 다양한 외국어가 병존하고 있는 사회다. 물론, AD 7세기 이후 아랍·이슬람 국가로서의 정체성을 유지하고 있고, 현재의 튀니지 헌법에서도 아랍어를 공용어로 규정하고 있지만, 현실 사회에서 프랑스어, 영어, 타마지그어 등 다양한 외국어들이 튀니지에서 공존하고 있는 실정이다.

특히, 근대에 프랑스의 튀니지 식민 지배는 1,500여 년의 오랜 아랍·이슬람 사회의 전통과 문화적 특징을 유지하고 있던 튀니지 사회의 근간을 흔드는 커다란 충격이었으며, 그 영향력은 독립 이후에도 지속되고 있다. 따라서 튀니지의 외국어 수용과 언어 상황에 대한 연구는 근대 이후 프랑스어의 영향력을 중심으로 파악하는 것이 보다 타당할 것이다.

19세기 유럽 제국주의시대의 도래와 함께 시작된 프랑스의 영토 확장은 아프리카 지역에 집중되었다. 프랑스 제국주의의 기본 목표는 해외 식민지 개척을 통한 식민지의 경제적 착취와 프랑스 문화의 전파였다. 프랑스 문화의 전파는 프랑스의 고급 문화를 저개발 국가인 식민지에 보급함으로써 식민지 국가의 문화를 고급화시킨다는 명분을 내걸었으나, 이는 식민 지배를 합리화하기 위한 명분일 뿐이며 궁극적으로는 경제적 수탈을 위한 침략이라 할 수 있다.

프랑스의 식민지 문화 정책의 핵심은 프랑스어의 확산이다. 프랑스 정부는 식민지의 언어를 프랑스어로 교체함으로써 프랑스 문화의 이식과 식민지 지배를 용이화·영구화할 수 있다고 믿었다. 이는 프랑스의 식민지 관리의 기본 정책인 동화주의에 기인하고 있다.

프랑스 지배 이전에 튀니지의 대부분의 학교는 종교 학교(kuttab)였고, 교육 과정은 꾸란의 암송을 중심으로 한 전통적인 이슬람식 교육 방법이었다. 이들 학교는 대게가 이슬람 사원에 속해 있었고, 이

맘에 의해 운영되었다. 보다 상급 수준의 교육을 원하는 학생들은 튀니지 남부 카이로완(Kairouan) 지역의 우끄바(Uqba) 사원(AD670년 설립)에서 최고 수준의 교육을 받을 수 있었다. 9~11세기에는 이슬람 학자들이 아랍어와 이슬람학뿐만 아니라 철학, 수학, 의학, 자연과학 등의 분야에서 걸출한 업적을 만들어냈고, 이들에 의해 지중해를 중심으로 한 서양문명이 발달했다. 그 영향으로 인해 이슬람사원에서도 종교 과목 이외에 의학, 식물학, 천문학과 수학 등이 강의되었다. 이러한 이슬람식 교육 방식은 오스만 투르크 제국이 튀니지를 지배하고 서양식 교육 제도와 문화가 수입될 때까지 지속되었다.

1881년 프랑스의 튀니지 식민지배가 본격화되기 이전에 튀니지는 약 300여 년 동안 오스만 투르크 제국의 지배를 받았고, 오스만 투르크의 베이(Bey)들에 의해 서구 문화의 튀니지 수입은 이미 시작되고 있었다. 유럽식 교육 제도와 학교는 프랑스의 식민 통치가 시작되기 전에 이미 설립되어 운영되고 있었으며, 전통적인 교육 기관들의 현대화 작업도 진행되고 있었다.

오스만 투르크 제국의 베이였던 앗사디끄(Muhammad III as-Sadiq)에 의해 1875년 설립된 사디끼 대학(Sadiqi College)은 튀니지 교육의 현대화를 목표로 세워졌다. 이 대학에서는 프랑스어로 무장되고 프랑스 문화에 익숙한 세속화된 튀니지 엘리트들을 양산해냈다. 사디끼 대학 출신들은 튀니지 독립 이후에도 튀니지의 교육과 언어 정책을 주도하는 세력으로서, 프랑스에서 교육을 받고 프랑스 여성과 결혼을 한 프랑스와 프랑스 문화를 신봉하는 철저하게 프랑스화된 인물들이었다.

이들은 독립 튀니지의 국가 건설과 국가 정체성 확립 과정에 참여함으로써 이들이 입안하여 실행한 정책은 기본적으로 프랑스에 경도 되어 있을 수밖에 없었다. 이들에 의해 주도적으로 시행된 독립 이후 튀니지의 언어 정책은 표면적으로는 아랍어의 부활을 시도하는 듯 했으나, 그 바탕에는 프랑스어와 프랑스 문화에 대한 집착이 남아 있어 기본적으로 한계가 있을 수밖에 없었다.

이슬람식초등 교육기관인 쿠탑 출신의 학생들 중 가장 우수한 학생들이 진학한 자이툰(Zaytuna) 대학은 전통적인 이슬람 교육기관이었지만, 기존의 종교 과목이외에 보다 많은 세속 과목을 강의하기 시작했다. 자이툰 대학에는 쿠탑 출신 이외에 식민 정부가 세운 프랑스-아랍어 이중 언어로 교육하는 서양식 학교 출신이 입학함으로써 전통적인 이슬람 교육 기관으로서의 색채가 희석되었다. 자이툰 대학은 이슬람의 전통적인 교육기관으로서 명목을 유지할 수는 있었지만, 최고 수준 대학의 명예는 사디끼 대학에 넘겨줄 수밖에 없었다.

1875년 총리였던 하이레딘 바샤(Hayreddin Pasha)가 세운 중등교육기관인 리세(Lycee)에서는 보다 현대화된 교육과목들이 강의되었고, 여기에는 아랍어 이외에 유럽의 언어들도 교육되었다. 유대인들도 그들의 학교를 설립하였고, 이탈리아인들이 세운 학교도 생겨났다.

이러한 교육 환경은 프랑스의 식민 지배가 본격화된 이후 프랑스어와 문화가 튀니지에 정착하는 데 보다 용이한 환경을 제공해주었다. 1881년 바르도 조약을 통해 튀니지에 대한 군사, 재정 및 외교 보호권을 획득한 프랑스는 튀니지에서 농업, 광업, 도시 위생, 상업, 금융, 행정, 제조, 교통, 산업, 재정적 인프라 건설과 공공 보건 및 교육 분야에서의 현대화를 시도했다.

프랑스 식민 지배의 시작과 함께 실용적인 목표를 가진 보다 현대화된 유럽식 교육 과목들이 도입되었고, 튀니지에 프랑스 학교들이 본격적으로 세워지기 시작했다. 이와 대조적으로 '지식의 근본은 꾸란이다'라는 종교적 신념에 따라 꾸란을 중심으로 이루어지고 있던 전통적인 교육은 프랑스 통치와 함께 크게 위축되었다.

튀니지의 유럽식 교육 기관은 ①기독교 등의 선교 단체, ②튀니지 출신 신진 엘리트, ③프랑스 식민 정부, ④신진 토착 세력들이 주도했고 누가 설립했든 간에 이들 교육 기관의 수장은 늘 프랑스인이었다.

프랑스 정치인과 관리들은 튀니지에서의 현대식 교육이 프랑스-튀니지 간의 조화로운 관계 구축에 토대가 될 것이라 믿었다. 그들은 이러한 교육이 아랍·이슬람 문화와 유럽 문화 간의 간격을 줄여줄 수 있으리라 생각했다.

프랑스 식민 정부는 프랑스 정착민들의 2세 교육을 위해 프랑스계 학교(Collège Saint-Charles de Tunis, 1875)를 설립했고, 프랑스어는 유럽의 현대식 학문 분야 교육에 가장 중요한 교육용 언어가 되었다.

프랑스 정부는 튀니지에 새로운 기술을 도입하고 산업화 시대를 열어나갔다. 이 과정에서 전통적인 가치와 새로운 사고방식 간의 충돌이 발생했고, 종교와 세속적 가치간의 충돌도 발생했지만, 전통적·종교적 가치는 무시되었다.

1883년에 세워진 공공교육위원회(de l'Enseignement Public)는 튀니지에 있는 프랑스 관리들의 2세 교육을 위해 만들어졌고, 프랑스어의 사용이 더욱 확산되었다.

이 위원회는 튀니지의 모든 교육 기관들을 관리 감독하고 교육 제도를 만들어갔다. 이 위원회의 기본 방침은 현대화, 프랑스어와 문화의 확산 및 튀니지 국민의 동화였다. 튀니지에는 이후 콜레쥬 알루이(Collège Alaoui)와 여성 교육을 위한 에콜 뤼 뒤 파샤(École Rue du Pacha)가 설립되었다.

오스만 투르크 제국 시대에 개교한 사디끼 대학은 프랑스 식민 시대에 서구식 교육을 지향하는 튀니지의 최고 명문 대학으로 발전했다. 이 학교는 전통적인 이슬람 교육을 시행하던 자이툰 대학과 대칭점을 이루었으며, 프랑스화된 아랍(Franco-Arab) 모델을 지향하며 친서방적·진보적인 성향을 띠고 있었다. 이 학교에서는 프랑스어를 교육용 언어로 사용했고, 부분적으로 튀니지 아랍어의 사용은 허용했지만, 표준 아랍어는 거의 사용되지 않았다. 이 학교는 대중과의 접촉을 확대하고 아랍 문화에 관심을 기울임으로써 일반 튀니지 대중에게 프랑스어와 프랑스 문화를 보급하는 데 기여하기도 했다.

튀니지의 프랑스 학교에서는 프랑스어와 아랍어를 혼용하며 세속 교육을 주도했다. 프랑스의 교과 과정을 적용했고, 이 학교의 제1언어는 프랑스어였고 제2언어는 튀니지 구어체 아랍어였다. 이 학교에서 프랑스어로 서양의 현대적인 학문을 습득하고 졸업한 튀니지 학생들은 정부의 관료가 되는 데 보다 유리한 위치를 차지할 수 있었다.

취업 기회의 우선등과 같은 혜택으로 인해 이들 프랑스 학교는 일정 부분 성공을 거두었지만, 그 혜택이 모든 튀니지인들에게 주어진 것은 아니었다. 이들 학교에 취학한 튀니지인들은 전체 튀니지 취학 대상의 20%에 불과했다. 이는 프랑스 식민 정부가 튀니지인들의 일반 교육에 관심을 갖기 보다는 튀니지를 관리할 소수의 프랑스에 충성하는 튀니지인을 양성하고 이들을 통해 튀니지를 관리하는 것이 목적이었기 때문이다. 따라서 소수의 튀니지 엘리트들만 인문교육을 받았고, 대부분의 튀니지인들은 직업 교육을 받았다. 직업 교육도 과학과 공업 등 미래 지향적인 고부가가치를 생산할 수 있는 직종이 아닌, 농업, 상업, 광업 등의 1차 산업 분야 교육이 주로 이루어졌다. 프랑스 정부의 이러한 교육 형태는 튀니지뿐만 아니라 인근 알제리와 모로코, 아시아의 베트남에서도 시행됨으로써 프랑스의 식민지 교육 정책의 목표와 지향점을 분명히 말해주고 있다.

그럼에도 불구하고 많은 도시의 튀니지인들은 2세들이 프랑스계 학교에서 현대적 학문과 기술을 습득하길 원했기 때문에 별다른 저항 없이 많은 프랑스 계열의 학교가 튀니지에 생겨날 수 있었다. 물론 프랑스 식민정부의 막강한 영향력이 작용한 것은 자명하다. 결국 프랑스 정부의 언어 정책은 식민지 국민의 호응을 얻는 데 성공했고, 이는 독립 이후에도 튀니지를 프랑스 영향력 하에 두는 데 커다란 기여를 했다 할 수 있다.

제1차 세계대전 종전과 함께 지중해 동부 지역의 일부 아랍 국가들이 제국주의 국가들로부터 독립을 하자, 튀니지에서도 민족주의 운동이 일어났다. 정치적 독립을 주장하는 압둘 아지즈 알 사알리비(Abdul Aziz Al-Tha`alibi) 등이 주도한 튀니지 자유 헌법당(Tunisian Liberal Constitutional Party, 1920), 하비브 부르기바(Habib Bourguiba) 등에 의해 신헌법당(Neo-Destour Party, 1934년)이 결성되어 프랑스로부터의 독립과 자주권 회복을 위한 저항운동을 벌였으나 강력하게 진행되지는 못했다.

이는 프랑스에 대한 튀니지인들의 인식 및 독립 운동을 주도한 이들의 정치적·학문적·사회적 배경과 관련이 있다.

제2차 세계대전(1939~1945)이 발발했을 때, 아이러니하게도 튀니지의 여론은 자신들을 식민 지배하고 있던 프랑스를 지지하는 쪽이었으며, 1950년 신헌법당의 주도로 튀니지인들이 참여하여 결성된 새 정부도 프랑스와 협조해 단계적으로 튀니지의 주권을 회복시키고 독립하는 것이었다.

식민 지배 국가인 프랑스에 대해 튀니지의 일반 국민들은 비교적 호의적인 정서를 갖고 있었고, 튀니지 독립 운동을 주도한 신헌법당의 구성원들도 온건한 성향의 민족주의자들로서 유럽에 대한 동경심을 가진 상당 부분 프랑스화되어 있는 인물들이었기 때문에 이들에 의해 주도된 튀니지의 독립과 자주성 회복 운동은 한계가 있을 수밖에 없었다.

1955년 6월 신헌법당이 주도한 튀니지 정부와 프랑스 간의 협상에서 튀니지의 내적 자치가 허용되었지만, 프랑스는 튀니지에 대한 치안, 외교와 국방에 대한 권한을 갖고 튀니지 자치 정부는 프랑스의 이익에 반하는 정책을 시행하지 않는다는 내용의 협상이 체결되었다. 이 협정에 대한 불만은 제기되었지만, 심각한 수준은 아니었다. 1956년 3월 신헌법당 주도의 튀니지 자치 정부와 프랑스 사이에 체결된 의정서에서 튀니지의 정치적 독립이 인정되었지만, 독립 튀니지 정부는 프랑스에 호의적인 신헌법당 인사들로 구성되었다.

튀니지의 정치적 독립을 이끌어낸 부르기바가 초대 대통령이 되었지만 그의 정치적 성향과 이력을 통해 볼 때 프랑스로부터의 완전한 자주적 독립은 처음부터 기대하기 어려웠다. 독립 이듬해인 1957년에 프랑스와의 외교 관계가 재개되는 등 프랑스와 다소간의 마찰은 있었지만, 기본적으로 독립 튀니지 정권의 성향은 친프랑스적 색채를 띠고 있었다. 식민지 기간 동안 프랑스 정부 소유였던 교통과 전력 인프라를 국유화하고 프랑스인들이 취득한 농지 등을 튀니지인들에게 배분하는 것 등의 정책은 독립 국가로서 당연한 조치이며 국민들의 지지를 얻기 위한 정치적 행위의 측면도 강했다 할 수 있다.

독립 이후 언어주권 회복 운동의 핵심인 아랍어화 운동(Arabization)도 역시 이러한 맥락에서 추진되었다. '아랍어화'란 유럽 제국주의 국가들이 아랍 국가들을 지배한 근대 식민지 기간에 식민지 국가에서 사용된 유럽제국주의 국가의 언어를 아랍어로 대체하고 표준 아랍어(Modern Standard Arabic)를 교육·행정·언론과 대중매체의 언어로 발전시키려는 일련의 과정을 말한다. 아랍어화는 제2차 세계대전이후 독립한 거의 모든 신생 아랍 국가에서 공통적으로 시행된 정책으로서 식민 국가에서의 탈피와 국가 정체성 확립을 위한 아랍 국가 투쟁의 본질적인 요소로 간주되기도 했다. 따라서 아랍어화는 언어와 교육의 문제인 동시에 정치·사회·문화와 관련된 사회적 이슈이기도 하다.

튀니지에서 아랍어화는 1956년 독립 이후 식민 지배국이었던 프랑스에 대항하는 국가 정체성 확립 사업의 일환으로 시행되었으며 아랍어는 국민 통합을 위한 필수적인 요소로 간주되었다.

튀니지의 아랍어화 정책은 1956년 마잘리(Mohammed Mzali, 1980~1986 수상 역임)가 이끄는 소수의 정치 엘리트 집단에 의해 시작되었다. 이들은 사디끼 고등학교 출신으로서 프랑스 대학을 졸업했다는 공통점을 갖고 있다. 이들은 아랍어-프랑스어의 이중언어 화자로서 아랍·이슬람 문화 및 프랑스와 서양 문화에도 익숙한 자들이었다. 이들의 아랍어화 운동은 아랍민족주의의 발현이라기보다는 튀니지 민족 정체성 회복 차원에서 시작되었고, 아랍 공동체 건설과 아랍 국가들간의 연대를 강조하는 아랍주의(Arabism)보다는 튀니지 민족주의(Tunisizm)를 강조했다.

독립 이후 초대 대통령으로 취임한 부르기바 대통령은 1958년 6·25일 사디끼 고등학교에서 행한 연설에서 "중등 교육은 아랍어화가 중심이 될 것이다. 모든 교과목은 아랍어로 강의될 것이다. 프랑스어는 아랍어 교사양성 때까지만 한시적으로 사용될 것이다"(l' Action. 1958. 6. 25)라고 강조하는 등 아랍어화를 표방하는 듯했으나 프랑스어의 여지를 여전히 남겨두었다.

실제로 대학 교육 과정은 물론 초등, 중등학교 교육 과정에서도 프랑스어는 여전히 그 영향력을 유지하고 있었다. 독립 직후인 1960년 튀니지 초등학교 교육과정에서 프랑스어는 3학년부터 주당 13시간이 교육되었고 과학 분야의 교육어로서 여전히 사용되었다. 1968년 교육 개혁 때는 프랑스어가 주당 16시간으로 증가했고, 1973년 개혁 때는 주당 13시간으로 축소되었지만 초등학교 교육의 제2언어로서의 위치를 확보했다.

1978년에는 아랍어 교육이 강화되어 아랍어가 주당 19시간인 반면, 프랑스어는 10시간으로 감소하고 4학년부터 학습하는 등 다소 위축되었으나 초등학교 교육의 제2언어의 위치는 확고히 했다.

1970년대에는 중고등학교 교육과정에서도 아랍어를 활용한 교육이 시도되었다. 그 결과 철학, 종교, 지리, 역사 등 인문학 분야의 교육에서는 아랍어가 사용되었지만, 수학과 과학 분야 및 직업 학교에서는 프랑스어 중심의 교육이 시행되었다 즉, 중등 교육에서는 과목의 성격에 따라 교육용 언어가 구분되어 아랍어와 프랑스어가 서로 경쟁하는 상황이 되었다.

　대학 교육에서도 중고등학교와 유사한 현상이 나타났다. 교육용 언어의 선택에 대한 명확한 기준은 없었으며 담당 교수의 판단에 따라 아랍어 또는 프랑스어가 선택되었다. 따라서 자연과학과 수학 등의 분야에서는 프랑스어가, 종교와 인문학 분야에서는 아랍어가 주로 사용되었다. 1979~1992년 동안 튀니지 대학의 역사와 지리 강의에서 사용된 아랍어는 1학년은 30%, 2학년은 20%, 3학년은 50~60%, 4학년은 50% 수준이었다. 물론 이슬람 신학 대학에서는 아랍어가 교육용 언어로서 100% 사용되었다.

　전술한, 교육 현장에서 사용되고 있는 언어의 유형에서도 발견할 수 있는 것처럼 완전한 아랍어화는 독립 이후에도 불가능한 것이었다. 아랍어화는 독립 이후 권력을 유지하기 위한 지배 계급의 정책 수단으로 활용된 측면도 부정할 수 없으며 정치적 고려에 의한 튀니지의 아랍어화는 근본적인 한계를 가질 수밖에 없었다. 또한 아랍어화를 추진할 언어적·사회적 합의도 마련하지 못한 채 성급하게 진행됨으로써 언어적, 사회적으로 많은 문제점들을 노출시켰다. 독립 튀니지의 아랍어화 과정에서 제기된 언어적 문제점들은 아래와 같이 정리할 수 있다.

　첫째, 어느 변종을 독립 튀니지의 언어로 규정할 것인가에 대한 사회적 합의를 이루지 못하고 있었다. 독립 이후 튀니지에서는 현대표준 아랍어, 튀니지 구어체 아랍어, 프랑스어와 타마지그어가 혼용되어 사용되고 있었다. 즉, 독립 이후 다른 신생 아랍 독립국처럼 튀니지 역시 양층언어 현상과 다중언어 현상이 혼재된 복잡한 언어 현상이었고 각 집단 별로 언어 변종 선택에 대한 다양한 입장을 보이고 있어 통일된 합의안을 이끌어내지 못하고 있었다.

둘째는 과학과 새로운 기술 용어의 부족과 적절한 대응의 부재였다. 식민지 시대에 프랑스 정부는 튀니지에서 1차 산업 중심의 직업 교육을 실시함으로써 산업 사회의 새로운 과학과 기술 용어가 소개되지 못하고 있었다. 13세기 이후 정체되어 있던 현대표준 아랍어로는 새로운 과학과 기술 사회에 적절하게 대응하는 데 한계가 있을 수밖에 없었고, 결국 신학문 분야는 독립 이후에도 여전히 프랑스어의 영역으로 남아 있음으로써 독립 튀니지에서 프랑스어의 여지를 남겨두게 되었다.

셋째는 아랍어 학술원의 기능의 부재였다. 산업화된 사회에 대응하기 위한 자구책으로써 아랍어 신조어 개발을 위한 기관들이 만들어졌지만 사회의 변화 속도에 적절히 대응하지 못했다. 신조어 개발을 위해 튀니지에 아랍어화 위원회(The Permanent Bureau of Arabization, 1961)과 마그립 자문위원회(The Maghrebi Consulative Committee, 1966) 등의 기관이 설립되었지만, 급속하게 대량으로 유입되는 서양의 과학 기술 용어에 대응할 능력도 기반도 구축되어 있지 못했다. 그 결과 외래어가 수입되어 이미 확산되고 난 이후 이에 대응하는 아랍어가 만들어짐으로써 이들 아랍어 학술원이 오히려 튀니지의 언어 상황을 더욱 혼란하게 만들었다.

사회적 측면에서도 여러 가지 문제점이 노정되었다.

첫째, 전통주의자와 현대주의자 간의 갈등이었다. 아랍 전통으로의 회귀와 아랍 민족주의를 주장하며 현대표준 아랍어 사용을 주장하는 전통주의자와 서구화 및 튀니지 민족주의를 주장하며 튀니지 구어체 아랍어의 사용을 주장하는 현대주의자들의 갈등은 아랍어화를 중심으로 첨예한 대립을 보였다.

둘째, 현대표준 아랍어 교육을 위한 적절한 교재, 교육 기관과 교사의 부재였다. 초등학교에서 아랍어 교육시간이 증가하는 등 아랍어 교육을 강화하였으나 전문적인 표준 아랍어 교육을 수행할 기관이 절대적으로 부족했고 이들을 교육할 교재도 출판되지 못했으며 교사도 양성되지 못했다. 이는 식민지 기간 동안 표준 아랍어에 대한 식민지 정부의 탄압 정책으로 인해 아랍어 교육기관과 교사가 양성되지 못한 결과였다.

셋째, 취업과 관련한 언어 선택의 문제였다. 튀니지의 젊은 학생들이 졸업 후 직업을 선택하는 데 있어서는 현대표준 아랍어 활용 능력보다 프랑스어 사용 능력이 우대받는 사회 구조가 여전히 유지되고 있었다. 튀니지 구어체 아랍어와 프랑스어 이중언어 사용자들이 취업에 훨씬 유리한 사회 구조에서 현대표준 아랍어를 중심으로 한 아랍어화 정책은 한계가 있을 수밖에 없었다.

넷째, 프랑스식 교육을 받고 프랑스화되어 있던 기득권 계층이 정치적·사회적 우월권을 유지하기 위해 아랍어화를 방해하고 있었다. 이들은 프랑스 문화와 프랑스어를 유지하는 것이 튀니지의 국가 미래와 근대화에 도움이 된다는 판단과 본인들의 정치적 영향력을 유지하기 위해 친프랑스 환경을 조성하는 것이 필요하다고 판단했다. 그들은 아랍어화는 이슬람 원리주의의 과격성을 확산시킨다는 판단에 따라 지나친 아랍어화는 본인들에게 위협이 된다고 판단하여 아랍어화를 위한 시늉에 그칠 뿐이었다.

다섯째, 전통적인 아랍·이슬람 문화에 대한 비하와 서구 사회에 대한 무조건적인 동경과 수용이다. 이러한 사회적 경향은 다분히 친

프랑스적인 기득권 계층의 정책 의지가 반영된 탓이라 할 수 있다. 이는 교육 정책에도 반영되어 튀니지의 어린이들을 교육하는 교과서에도 나타났다. 쉬르(Bchir.B.)가 튀니지 초등학교 강독 교과서를 분석한 연구 결과에 의하면, 교과서에는 아랍·이슬람 문화에 대한 비하감을 일깨우고 서구 문화에 대한 동경심을 유발할 수 있는 내용으로 교과서가 구성되어 있었다. 즉, 튀니지의 민족 정체성을 평가 절하하고 전통적 가치를 무시하며, 서구 사회의 현대화를 무비판적 수용함으로써 서구 사회의 현대화를 튀니지 사회 현안의 해결책으로 제시하고 있다. 교과서에 등장하는 역사적 위인들은 모두 서양 역사의 인물들이며, 중세 지중해 문명 발달의 선구자인 아랍의 위대한 인물들인 이븐 바뚜따, 이븐 칼둔 등은 언급되지 않고 있다. 제3세계 인물 중 유일하게 언급된 인물은 브라질의 축구 선수 펠레뿐이었다. 이븐 칼둔은 튀니지 출신의 중세 시대 가장 위대한 역사가이자 사상가임에도 불구하고 아무런 언급이 없다고 밝혔다.

반면에 공해, 오염, 빈부 차이의 확산, 범죄의 증가 등과 같은 현대 과학과 산업화의 문제점은 언급하지 않음으로써 교과서로서의 균형감을 유지하지 못하고 있었다.

서구 문화(특히, 프랑스 문화)에 대한 선호와 자국 문화에 대한 비하는 언론과 영화 등에 의해 더욱 확대되었고, 프랑스어 신문 발행과 프랑스어 방송국의 개국 등으로 튀니지의 프랑스화는 더욱 확산되었다.

독립 이후 튀니지 헌법에서는 튀니지의 공용어로 아랍어를 지정하고 있지만, 이를 강제하는 어떠한 공식문서도 없었고, 아랍어화 정책은 1970~1982년 동안은 어느 정도의 일관성을 유지하고 있었지만,

1986년 이후 일관성을 상실하여 프랑스어가 재도입되었고, 1989년 에는 중등교육에서 프랑스어 채택되기에 이르렀다. 이후 정부 출판 물도 아랍어와 프랑스어를 병행하도록 하여 1989년 이후 내각의 19 개 부서중 3개 부서(총리실, 법무, 내무)만이 각종 출판물을 아랍어로 출판하기에 이르렀다.

이처럼 튀니지의 아랍어화는 이 정책을 수행할 수 있는 언어적, 사 회적 인프라가 구축되어 있지 못했고 이를 시행하는 정치 엘리트들 의 성향이 이미 친프랑스적인 인물들로 구성되어 있어 실패가 예정 되어 있었다 할 수 있다.

그 결과 아랍어화는 계층, 이념, 집단 간 갈등을 야기시켰고, 이는 정치 집단뿐만 아니라 취업을 원하는 일반인들에 이르기까지 광범위 하게 확산되어 마치 아랍어화가 튀니지의 분열을 조장하는 문제로 인식되는 수준에 이르렀다.

대통령이었던 부르기바 자신도 집권 이후 점차 종교와 정치의 분 리를 주장하며 튀니지화(Tunisfication)와 현대화를 강조하며, 표준 아 랍어를 중심에 둔 국가 근대화 정책보다 프랑스 지향적 국가 근대화 정책을 선호했다. 갈(Zghal, 1979)의 "이데올로기적인 측면에서 튀니 지에서 가장 첨예한 대립은 부르기바리즘(Bourghibism)과 이슬람 운 동이다"라는 주장은 이러한 튀니지의 정치·사회적 맥락과 분위기를 매우 적절하게 규정했다 하겠다.

결론적으로 프랑스 문화와 프랑스어에 익숙한 지배 엘리트 계층 들에게 아랍어와 아랍어화 정책은 부담 그 자체일 수밖에 없었다. 아 랍어화 정책은 지배 엘리트 계층이 정치적 위협을 느낄 때 이를 모면 하기 위한 수단으로 시행될 뿐이었다. 그들에게 아랍어화는 정치 권력 유지를 위한 수단일 뿐이었다. 따라서 독립 이후 튀니지의 언어 정책은 아랍어와 프랑스어를 양 축으로 하여 주도권 싸움을 벌이며 밀고 당기는 줄다리기 게임으로 정의할 수 있겠다.

가잘(ghazal)과 샹송

신문과 방송 등에서 사용하는 언어 변종은 대중의 언어 사용 형태에 큰 영향을 끼치기 때문에 언론 매체에서 사용하는 언어 변종에 대한 이해는 해당 국가의 언어 사용 형태 연구에 매우 유의미하다. 한국 사회에서도 한자의 중요성이 강조될 때는 신문 등의 출판물에서 국한혼용체가 사용되지만, 한글이 강조될 때는 한글 중심으로 발간된 것은 언어 변종과 이에 대한 사회적 인식 및 그로 인한 사회 현상과의 관계를 잘 보여주고 있다 하겠다.

튀니지는 독립 이후에도 언론 매체에서 아랍어와 프랑스어 2종류의 언어가 사용되어 프랑스어의 영향력이 지속되고 있었고 최근에는 국제화 추세에 따라 영어가 추가되었다.

튀니지에서 발간된 최초의 신문은 1860년 7월에 아라이둘 투니스(*Arra'id Attunisi*, 튀니지 공화국의 공식지)로서, 당시의 오스만 투르크 베이였던 사독 베이(Sadok Bey)에 의해 창간되었다. 프랑스의 식민 지배가 본격화된 이후에는 식민 정부의 영향력 확대와 여론 통제를 위해 프랑스어로 레 튀니지엔(*Le Tunisien*, 1907~1912)이 발간되었다.

프랑스 점령 시대에는 라 데페셔 튀니지엔(*La Dépêche Tunisienne*) 등 프랑스어로 출판되는 언론 매체들이 주를 이루었고, 독립 이후 아랍어로 된 언론 매체들이 증가하기 시작하여 1991년에는 프랑스어 일간지 6종, 아랍어 일간지 9종이 발간되었고, 주간지 140여 종(프랑스어 45종), 월간지 160여 종이 발간되기에 이르렀다. 이러한 급격한 양적 팽창은 튀니지 정부가 정당이 신문 등을 포함한 언론 매체를 발행하는 것을 인정함으로써 각 정당들이 자신들의 언론 매체를 발간하기 시작한 것이 주요 원인이었다.

튀니지의 TV는 1개의 국영 방송과 2개의 민영방송으로 구성되어 있다. 국영 방송은 2개의 아랍어 채널을 운영하고 있는 ERTT(Etablissement de la Radiodiffusion-Television Tunisienne)[2] 방송사가 운영되고 있으며, 민영 방송은 Hannibal TV와 Nessma TV가 있다. 라디오 방송국은 지방 방송국 5개를 포함하여 8개가 있다.

이들 방송에서는 시트콤, 드라마와 토크쇼에서는 튀니지 구어체 아랍어를 사용하고 뉴스는 표준 아랍어를 사용한다. 이는 아랍어의 특성상 격식 상황에서는 표준 아랍어를, 비격식 상황에서는 지역의 구어체 아랍어를 사용하는 아랍인들의 언어 사용 형태에 따른 언어 변종 선택의 결과라 할 수 있다.

---

2) 이 방송사의 최대 주주는 Euronews다.

튀니지 언론 매체 현황[3]

구분	이름	설립일	발간 주기	사용 언어	성격
신문	Tunisialive	2011. 04.	인터넷	영어	종합
	Akhbar Achabab	1997. 10.	주간지	아랍어	
	Akhbar Al Joumhouria	1990. 10.			
	Al Adhouaa	1978.			
	Al Akhbar	1984. 04.			
	Al Ahd	1993. 11.			
	Al Anwar	1981. 08.			
	Al Chourouk	1987.	일간지		
	Al Mouharrer	2011. 08.			
	Al Moussawar	1985. 04.	주간지		
	Al Ousboui				
	Assabah	1951. 02.	일간지		
	Essahafa	1989. 01.			
	Essarih	1995. 01.			
	Sabah Al Khair	1987. 04.	주간지		
	L'Expert	1996. 04.	일간지	프랑스어	
	La Presse de Tunisie	1936. 03.			
	Le Quotidien	2001. 04.			
	Le Temps	1975. 06.			
	Tunis Hebdo	1973. 09.	주간지		
	Tunivisions	1997.	월간지		

---

3) http://en.wikipedia.org/wiki/Media_of_Tunisia 참조

잡지	Réalités /Haqaieq	1979. 01.	주간지	아랍어/프랑스어	시사	
	L'Économiste maghrébin	1990. 05.	격월지	프랑스어		경제
	Le Manager	1996.	월간지	아랍어/프랑스어	경제	
	La Tunisie économique	1985.		프랑스어		
	Al Mawkif	1984. 05.				
	Al Wahda	1981. 10.				
	Attariq Al Jadid	1981. 10.				
	Mouwatinoun	2007. 01.	주간지	아랍어	정치	
	Al Fallah	1993. 05.				
	Al Bayane	1977. 11.				
	Echaâb	1959. 05.				
	Tunis Al Khadhra	1976. 03.	격월지			

(2012년 기준)

상기 언론 매체 중 아랍어를 사용하는 매체는 21종, 프랑스어를 사용하는 매체는 6종, 영어 1종과 아랍어·프랑스어 2중 언어는 2종이다.

튀니지 언론매체에서 사용하는 언어 변종을 기준으로 할 때 양적인 측면에서는 아랍어가 우위를 보이고 있다. 이는 1976년 아랍어화를 위한 교육 개혁의 성과로 보인다. 아랍어화 정책으로 인해 보다 많은 튀니지인들이 아랍어를 읽고 쓸 수 있게 됨에 따라 아랍어 매체가 양적으로 증가할 수 있는 환경이 마련되었기 때문이다.

그러나 내용적인 면에서 튀니지인들은 정치, 경제, 과학, 패션과 취미 등 보다 특화된 부분에서는 프랑스어 매체를 더욱 선호하는 경향을 보였다. 특정 분야를 집중적으로 다루는 주간지(또는 월간지)의 경우 프랑스어만으로 출판되거나 아랍어·프랑스어 이중언어를 사용하고 있다. 전문 분야에서 프랑스어의 선호는 프랑스어 매체가 아랍어 매체에 비해 보다 풍부한 정보를 제공하고 있고 신뢰할 수 있다고 생각하는 튀니지인들의 인식과 관련이 있는 것으로 보인다. 단 정당들이 발행하는 정치 분야의 잡지는 정당의 성격과 일반 대중에게 보다 많이 확산되어야 한다는 현실적인 필요성에 의해 아랍어로 출판되고 있다는 특징이 있다.

교육 수준이 높은 튀니지인들은 내용과 다양성 등 품질의 우수성 때문에 아랍어 언론 매체보다 프랑스어로 된 언론 매체를 더 선호한다. 또한 이들은 져뉘 아프리크(Jenue Afrique) 등과 같은 세계적 명성과 인지도를 갖고 있는 프랑스어 언론 매체를 더욱 선호하는 경향이 있고 위성 채널을 통해 프랑스 본토의 방송을 시청하기도 한다.

다우드(Daud)가 2007년 튀니지인들을 대상으로 실시한 인터뷰에서 40세 이상의 기성 세대들은 주로 프랑스어 언론 매체를 선호한다는 연구 결과는 연령별 언어 사용 형태에서도 차이가 있음을 말해주고 있다.

이는 튀니지 독립을 기점으로 식민 시대 교육을 받은 이들은 프랑스어 교육을 집중적으로 받아 프랑스어에 익숙한 반면, 독립 이후의 세대들은 아랍어화 정책으로 인해 아랍어에 보다 익숙하기 때문인 것으로 판단된다.

이처럼, 튀니지 언론 매체의 언어 변종 선택은 언론 매체의 성격과 목직에 따라 아랍이(현대표준 아랍어와 구어체 아랍어)와 프랑스어를 선택해서 사용하고 있다. 이런 현상은 일반적인 정보 전달에서는 아랍어가 적절하지만, 특화된 전문 분야에서는 아랍어보다 프랑스나 영어 등의 외국어가 적절하다고 생각하는 튀니지인들의 언어 변종에 대한 인식과 계층별, 세대별 언어 변종에 대한 선호도와 관련이 있는 것으로 보인다.

튀니지의 복잡한 역사적 환경에 의해 오늘날 튀니지에서 사용되고 있는 언어 변종은 현대표준 아랍어와 튀니지 구어체 아랍어를 포함한 아랍어, 타마지그어, 프랑스어와 영어 등이 복합적으로 사용되고 있다.

상기의 언어 변종들은 튀니지 언어 공동체에서 각각의 사용영역을 갖고 있고 언어 변종에 대한 인식도 세대별, 학력별, 지역별로 다양한 양상을 보이고 있다.

현대표준 아랍어는 튀니지의 공식어이지만 정식 교육을 통해 학습해야 한다는 한계와 어려움을 갖고 있으며 격식 상황과 제한된 영역에 사용되는 2차 언어다. 이 변종은 사원의 예배, 학교의 강의를 포함한 공식적인 상황에서만 주로 사용되고 있다. 비록 현대표준 아랍어가 튀니지의 공용어이고, 이슬람의 언어라는 자긍심과 경외심을 갖고 있지만, 원화자들에게 조차도 여전히 난해한 실생활에 적용하기 어려운 언어 변종으로 인식되고 있다.

반면에, 튀니지 구어체 아랍어는 식민 치하에서 서구식 교육도 전통적인 이슬람 교육도 받지 못한 대부분의 튀니지인들의 모어로서 일상 생활에서 광범위하게 사용되고 있다. 구어체 아랍어는 외국어에 쉽게 동화된다는 특성을 갖고 있다. 특히, 모국어에 적당한 대체어가 없는 과학, 기술, 문화 분야의 외국어를 급속하게 수용하는 특징이 있다. 튀니지 구어체 아랍어 역시 프랑스 어휘가 상당 부분 포함되어 있으며 명사문의 어순과 아랍어에 없는 /v/음의 첨가와 같은 유럽 언어에 동화된 특징을 갖고 있다.

이 변종의 화자들은 도시의 하층민을 이루거나 시골에 주로 거주하고 있으며 독립 이후에야 비로소 튀니지 정부의 아랍어화 정책에 의해 아랍어 교육을 받을 수 있었다. 이들은 표준 아랍어에 대한 부분적인 이해는 갖고 있으나, 능숙한 화자는 아니며 언어 상황에 대한 특별한 문제 의식을 갖고 있지도 않고, 언어 정책 결정에 별다른 영향을 끼치지도 못한다.

타마지그어는 튀니지 남부 지역에 분포해 있는 베르베르인들의 모어로서 인근 국가인 알제리와는 달리 소수 부족 언어로 국한되어 사용되고 있다.

프랑스어는 튀니지인들에게 여전히 문화어, 상류층의 고상한 언어로 인식되고 있으며 사회 기득권 계층의 주 언어다. 튀니지 사회의 상층부를 구성하고 있는 정치 엘리트 계층들은 그들의 독립 투쟁 대상이었던 프랑스 문화에 이미 깊숙이 심취해 있는 서구 지향의 진보주의자였다는 분명한 역설(striking paradox)을 갖고 있다. 프랑스 식민 치하에서 교육의 혜택을 받았던 일부 튀니지인들도 친프랑스적인 색채를 띠고 있는 인사들이었다. 이들은 주로 도시에 거주하며 독립 이후에도 튀니지의 기득권 계층으로서 권력을 계속 유지하였다.

이들에게 프랑스어는 신분 상승과 유지를 위한 필요충분조건이며 교육받은 튀니지인이 프랑스어로 일상 대화를 하는 것은 이상한 일이 아니다. 특히, 심리적으로 도시를 선호하는 교육받은 튀니지 여성의 경우 남성에 비해 프랑스어를 더욱 많이 사용하고 선호하는 것은 당연한 현상으로 받아들여진다.

이들은 서양의 문화와 가치를 아랍·이슬람 문화보다 우위에 두는 경향이 있으며 이런 경향은 사회적 입신을 꿈꾸는 일반 튀니지인들에게도 영향을 끼쳐 튀니지 사회의 친프랑스화를 가속시키는 주요 요인이 되고 있다.

따라서 튀니지의 언어 사용 분포는 고학력을 갖고서 전문 직종에 종사하며 높은 소득을 올리는 40대 이상의 기득 계층과 여성들은 프랑스어를 선호하며 프랑스어에 대해 매우 우호적인 인식을 갖고 있는 반면에, 충분한 교육을 받지 못하고 도시의 하층 계급이나 시골에 거주하는 40대 이하의 청년층은 대부분이 튀니지 구어체 아랍어 화자로 남아 있다.

이런 언어 분포와 선호도는 아랍인들의 일반적인 발화 전략인 말씨 바꾸기(code switching)에도 반영된다.

튀니지의 언어 정책을 결정하는 엘리트 계층과 도시 중상류층의 말씨 바꾸기 형태는 이중언어 형태(아랍어와 외국어)의 말씨 바꾸기가, 일반 국민들은 동일 언어의 양층 변종(현대표준 아랍어와 구어체 아랍어) 형태의 말씨 바꾸기로 구현된다.

튀니지에서 나타나는 말씨 바꾸기 현상의 특징은 계층별로 사용하는 주 언어(main code)가 구분된다는 점이다. 사회 지도층과 지식인 계층의 주 언어는 프랑스어다. 프랑스어는 상층 문화의 언어라는 튀니지인들의 인식때문에 본인 스스로 상류층에 속한다고 믿거나 또는 이를 갈구하는 욕망을 가진 이들은 프랑스어를 선호하게 했고 이는 특히 교육받은 젊은 도시 여성에게서 두드러지게 나타난다. 또한 서양의 과학, 기술, 문화 등의 분야에서는 아랍어에 적합한 어휘가 없다는 현실이 프랑스어로의 말씨 바꾸기를 더욱 부채질했다.

물론 사회 지도층 인사들도 튀니지 구어체 아랍어를 사용하지만, 이는 비공식적인 상황의 제한적인 경우에 국한된다. 이들은 튀니지 구어체 아랍어와 프랑스어에는 익숙하지만, 공용어임에도 불구하고 교육을 통해 학습하는 표준 아랍어는 적절히 구사하지 못한다.

튀니지의 지중해

반면에 일반인의 주 언어는 튀니지 구어체 아랍어로서, 이들은 프랑스어를 체계적으로 학습하지 못하였고, 표준 아랍어 역시 적절히 구사하지 못하며 외국인들과의 대화 같은 특수한 경우에 부분적으로 프랑스어를 사용한다. 이들은 모어인 튀니지 구어체 아랍어 이외에 현대표준 아랍어와 프랑스어는 모두 미숙한 반문맹자(semi lingual) 상태에 놓여 있다. 따라서 튀니지 일반인들의 발화는 전략적으로 말씨를 선택하는 말씨 바꾸기가 아니라, 표준 아랍어나 프랑스어의 미숙함으로 인한 말씨 혼합(code mixing) 형태로 나타나고 있다.

이런 현상은 표준 아랍어와 프랑스어 사이에서 일관된 언어 정책을 수행하지 못한 튀니지의 교육 정책에 기인한 바가 크며, 결국 일반 국민들을 그 어느 문화에도 익숙하지 못한 문화적 주변인으로 만들게 되었다.

문명 간 접촉의 한 형태로 나타나는 언어 간 접촉도 그 접촉의 동기가 언어 접촉의 형태를 결정하는 중요 변인이 된다. 지중해 지역의 문명간 교류의 유형을 자발적 요인, 강제적 요인과 동화에 의한 접촉으로 구분할 때, 튀니지의 언어 접촉은 강제적 요인에 의한 접촉에 해당한다. 1881년 프랑스에 의한 정치·군사적 합병을 튀니지인들이 원하지 않았음에도 불구하고, 프랑스 제국주의 정책의 일환으로 튀니지 점령과 합병이 결정되었기 때문이다. 프랑스 식민지 정부의 대튀니지 정책은 프랑스의 다른 식민지 국가와 큰 차이점은 발견되지 않았다. 프랑스 식민지 정책의 근간인 동화주의에 입각한 직접 통치가 튀니지에서도 실행되었고, 프랑스에 비교적 호의적인 튀니지 국민들의 일반적인 정서에 힘입어 프랑스의 대튀니지 동화정책은 상당한 성과를 거두었다. 튀니지에 세워진 기독교 선교 학교와 프랑스 계열 학교가 동화주의 정책의 선봉을 맡았고 이들에 의해 프랑스어가 튀니지의 제1언어가 되었고 아랍어는 제한적인 경우에만 사용되고 이마저도 튀니지 구어체가 주로 사용되었다.

일반 국민들에게 교육의 기회는 극히 제한적으로 주어졌다. 일반 대중 교육을 등한시하는 프랑스 식민 정부의 교육 정책에 의해 식민 기간 동안에 튀니지 국민들은 서구식 교육을 받지도 못했고, 프랑스 정부의 탄압에 의해 쇠약해진 쿠탑과 같은 전통적인 이슬람 교육 기관도 그 역할을 제대로 수행하지 못했다. 그 결과 대부분의 튀니지 국민들은 교육의 사각지대에 놓이게 되었고 이는 결국 문맹자의 양산을 초래했다.

프랑스 식민 정부는 프랑스식 교육을 받은 일부 토착 튀니지인들에게 행정적, 경제적 특권을 부여하여 튀니지인들을 통제하게 했고, 프랑스인 흉내내기(mimicry)에 익숙해진 이들은 그들에게 맡겨진 책무를 열심히 수행했다.

튀니지에 프랑스어를 보급, 확산하려는 프랑스 정부의 식민정책은 나름의 순환 구조를 갖고 있기도 하다. 즉, 프랑스어를 습득한 소수 엘리트 계층의 양성→프랑스어 중심의 언어정책과 문화정책 수립 및 시행→프랑스어 학습의 필요성과 요구 자극→프랑스어 학습→프랑스어의 확산 체계를 갖추게 되었다.

이 정책은 상당한 성공을 거두어 식민 지배 기간에도 튀니지 국민들의 프랑스에 대한 인식은 비교적 우호적이었으며, 튀니지 독립을 주도한 인물들 역시 튀니지의 정치적 독립을 주장하였지만. 이들은 이미 프랑스식 교육을 받고 프랑스어와 문화에 심취 · 세뇌되어 있는 친프랑스계 인사들이었다.

이들은 외형적으로는 튀니지의 자주 독립과 정체성을 주장하였으나, 기본적으로 서구 지향적인 성향을 갖고서 튀니지의 경제 발전을 위해 친 서방 특히, 프랑스의 도움이 절대적으로 필요하다는 인식을 갖고 있었다.

독립 이후 이들에 의해 설계되고 실행된 아랍어화 정책은 아랍어의 회복과 부흥을 목표로 했다기보다는 자신들의 정치적 이익과 권

력 유지를 위한 수단으로서 선택적으로 실행되었으며, 그 추진 과정
에 있어서도 일관성이 결여되었다.

이들이 실행한 학교 현장에서의 아랍어화 정책은 정책 결정자의
정치적 판단에 따라 갈지자 행보를 보였고, 아랍어를 현대화하고 부
흥시켜 현대 사회와 과학 및 학문의 매개체로 발전시키겠다는 의지
도 노력도 부족했다. 국내의 정치적 상황에 따라 즉흥적인 아랍어화
정책을 실행했을 뿐 아랍어화에 대한 진지한 고민과 의지는 발견하
기 어렵다.

아랍어화 정책을 주도했었던 독립 튀니지 정부의 초대 총리였던
마잘리(Mohammed Mzali)가 1986년 2월 17~18일 파리에서 개최된 제
1회 프랑스어권 국가(Francophonie) 정상 회의에 참석하여 튀니지 국
민의 프랑스어 사용에 대한 지지를 밝힌 것은 이들의 목적과 한계를
잘 보여주고 있다. 이들에게는 튀니지에 아랍·이슬람적 정체성보다
는 서구의 물질적 풍요가 더 중요했다. 따라서 이들은 아랍어보다는
프랑스어를 선호했고, 가잘(ghazal)보다는 샹송이 더 매력적이었다.

튀니지 헌법상에 아랍어가 튀니지의 공용어로 지정되어 있음에도
불구하고 프랑스어가 사회 전반에 걸쳐 더 많이 사용되고 화자들이
이를 더 선호한다는 것은 전술한 정책 결정권자와 사회 엘리트 계층
의 성향 이외에 현재 튀니지의 사회·경제적 현실과 관련이 있다 하
겠다.

독립 이후 여전히 저조한 경제 발전과 높은 실업률을 안고 있는
튀니지에서는 서구 사회가 누리고 있는 경제적 풍요에 대한 선망이
높을 수밖에 없고, 이러한 동경은 자연스럽게 프랑스어 선호 현상으
로 귀착되고 있다 하겠다.

그 결과 튀니지 사회는 상류층의 프랑스 문화와 일반 서민들의 아랍·이슬람 문화가 혼재하는 복합 문화의 특징을 갖게 되었다. 역설적으로 프랑스가 튀니지 식민지 기간 동안 실행한 동화정책이 성공했음을 독립 이후에 튀니지인 스스로가 증명해주었다.

식민지 국가의 문화를 지배하고 프랑스화하려는 프랑스 제국주의 정부의 꿈은 아이러니하게도 이들 식민지 국가가 프랑스 정부로부터 독립한 이후에 이루어졌다. 이는 식민 기간 동안에 프랑스 정부의 식민지 문화 정책이 철저히 시행되었고 결론적으로 성공을 거두었음을 의미한다.

튀니지 언론 매체의 절반 이상이 프랑스어를 포함한 외국어를 사용하고 있고, 교육받은 지식인 계층은 아랍어·프랑스어의 말씨 바꾸기가 일반화된 현실이 이를 입증하고 있다. 결국 튀니지의 이중언어 현상은 프랑스 식민 정부가 씨를 뿌렸고 튀니지인들이 경작하여 프랑스가 그 열매를 거두고 있다 하겠다.

강제적 요인에 의한 문명 간·언어 간 접촉에서 일반적으로 발견되는 문화와 언어의 역류 현상도 프랑스와 튀니지의 관계에서는 거의 발견되지 않는다는 것은 튀니지 국민의 외래 문화에 대한 적극적인 수용성과 무저항성을 보여주고 있다.

튀니지의 사례에서 강제적 요인에 의한 언어 교류는 그 기간이 장기화될 경우 민족 정체성의 상실이라는 심각한 부작용을 초래할 수 있고, 정치·사회 지도자들이 외부의 지배 세력에 동화될 경우 기층 문화와 언어는 심각한 훼손을 겪을 수 밖에 없음을 본 연구를 통해 확인할 수 있었다.

글로벌화된 현대 사회에서 문명간 접촉과 이로 인한 언어의 접촉 및 변화는 불가피하며 오히려 긍정적인 측면이 강하다. 그러나 문명 간·언어간 접촉으로 인해 민족 본래의 정체성을 상실하게 된다면 이는 심각하게 고민하고 개선해야 할 것이다.

참고문헌

공일주, 전완경. 1998.『북아프리카사』. 대한교과서주식회사.

윤용수. 2012. "알제리의 프랑스어 수용과 언어 정책",『아랍어와 아랍문학』제16집 1호. 한국아랍어·아랍문학회.

윤용수. 2012. "지중해지역연구의 과제와 지중해학-교류의 단위와 유형화를 중심으로".『지중해지역연구』제14권 제3호. 부산외국어대학교 지중해지역원.

이성연. 1988. "열강의 식민지 언어 정책에 관한 연구". 전남대학교 대학원 국어국문학과 박사학위논문.

Bouzemmi Abir. 2005. Linguistic situation in Tunisia: French and Arabic code switching. INTERLINGUISTICA 16(1).

Carnoy. M., 1980. *Education as Cultural Imperialism*. Longman Publication.

Daoud Mohamed. 1991. Arabization in Tunisia. *Issues in Applied Linguistics* Vol. 2. No. 1.UC Los Angeles.

Daoud Mohamed. 2007. The Language Situation in Tunisia, *Language Planning and Policy in Africa*, Vol. 2.

Grandguillaume, 1983. Arabization and Language Policy in North Africa(translated in English). Paris. Maisonneuve & Larose.

Ghrib Esma Maamouri. 1983. The Introduction of Arabic as a medium of instruction in the Tunisian educational system. *Al-Arabiyya* 16.

Kinsey David C. 1971. Efforts for Educational Synthesis under Colonial Rule: Egypt and Tunisia. *Comparative Education Review*. Vol.15. No.2. Comparative and International Education Society.

Moore Krista. 2008. Code Switching among Tunisian women and its impact on identity. SIT *Tunisia: popular Culture and Globalization in the Arab World*.

Macalester College.

Moore Krista. 2010. Language Loyalties: Shaping Identity in Tunisia and the Netherlands. *Macalester International*. vol. 25. 2010. Institute for Global Citizenship. Macalester college.

Nelson, Harold T.(edit.). 1986. *Tunisia a Country Study*, American University. Washington D.C.

Perkins Kenneth J., 1986, *Tunisia, Crossroads of the Islamic and European World*. Westview Press.

http://en.wikipedia.org/wiki/Media_of_Tunisia

https://www.cia.gov/library/publications/the-world-factbook/geos/ts.html

6장

이슬람의 종가(宗家)
요르단과 아랍어

2차 세계대전 종전과 함께
독립을 쟁취한 아랍·이슬람
국가들에게 가장 시급한 당
면 과제는 경제 개발과 함께
국가 정체성의 회복이었다.
국가 정체성의 회복은 아랍·
이슬람 국가로서의 정체성을

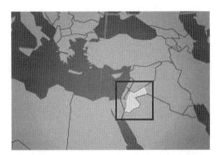

요르단, 사진 출처:http://www.nationsonline.org/
oneworld/jordan.htm

되찾고 과거의 영광을 재현하는 것을 목표로 삼았고, 이를 위한 구체
적인 실천 방안중의 한 가지는 '아랍어화(Arabization)'를 핵심으로 한
언어 정책의 추진이었다.

'아랍어화'의 의미는 "차용과 번역 또는 기존의 아랍어를 활용한
신조어의 개발 등을 통해 새로운 아랍어 어휘를 확장하고 이를 통하
여 아랍어에 생명력을 불어 넣는 일련의 노력과 정책"을 의미하지만,

이 정책의 궁극적인 목적은 '아랍어의 부활'이라 할 수 있다.

중세 아랍·이슬람의 황금기 시대(AD 660~1258) 이후 아랍·이슬람 국가가 오랜 침체기를 겪음에 따라 아랍어도 쇠락과 퇴보의 길을 걸었다. 따라서 제국주의 국가로부터의 독립과 함께 아랍·이슬람 정체성의 상징이자 핵심인 아랍어를 현대 사회와 적합한 생동감 있는 언어로 부활시키려는 노력은 거의 대부분의 아랍·이슬람 국가에서 공통적으로 시행되었다.

그러나 아랍어의 부흥을 위해 '아랍어화'란 이름으로 정책적으로 진행된 일련의 노력들이 성공적으로 진행되었다고 판단하기는 곤란하다. 특히, 영국, 프랑스, 이탈리아 등의 제국주의 국가들이 아랍을 식민 지배한 기간에 실시한 식민지 언어정책은 독립 이후에도 신생 아랍 국가의 언어 환경에 지대한 영향을 끼치고 있어 그 잔재로부터 벗어나는 것은 쉽지 않았다.

실제로 아라비아 반도와 북아프리카의 많은 아랍·이슬람 국가들은 정치적 독립에도 불구하고 경제적·문화적·언어적으로는 여전히 과거의 식민 지배 국가의 예속에서 벗어나지 못하고 있다.

이언어(異言語) 간 접촉과 확산의 유형은 요르단에서도 발견할 수 있다. 요르단은 영국의 다른 식민지 국가와 달리 식민 시대에도 어느 정도의 자치권을 유지하고 있었으며, 영국이 강압적인 영어확산 정책을 시행하지는 않은 나라다. 그럼에도 불구하고, 현대 요르단 사회에서 영어가 보편적으로 사용되고 있는 것은 다른 식민지 국가에서 발견할 수 있는 강압적인 언어 이식 이외에 또 다른 이유가 영어의 확산에 기여하고 있다는 의미다.

영어의 확산 과정이 다른 아랍 국가와 다르다는 것은 요르단인들의 영어에 대한 인식 역시 식민 시대를 경험한 다른 아랍·이슬람 국가 국민들의 그것과 차이가 있을 수 있음을 의미한다. 또한 독립 요르단이 시행한 아랍어화 정책 역시 다른 아랍·이슬람 국가의 정책과는 다소 구분되는 점들이 있을 것이다.

요르단의 언어 상황에 대한 이해는 식민 시대와 글로벌 환경의 변화와 같은 외부 환경 변화에 따른 이언어(異言語) 간 접촉 및 언어 교류 현상에 대한 사례가 될 것이다.

영국 제국은 동양적 전제로부터 아시아인들을 해방시켰다?

영국의 해외 식민지 개척 역사는 16세기에 시작되어 20세기까지 계속되었다. 영국의 해외 식민지가 최절정에 달한 19세기에는 영국의 식민성 장관조차 본국의 식민지를 모두 기억하지 못할 만큼 많은 해외 식민지를 확보했고 마침내 '해가 지지 않는 나라'라는 명성을 얻기에 이르렀다.

영국의 해외 식민지 개척의 가장 중요한 요인은 다른 제국주의 국가처럼 경제적 동기라 할 수 있다. 산업혁명을 통해 대량 생산이 가능해진 영국은 대량 생산된 물자를 소비할 시장과 원자재 및 노동력 확보를 위해 해외 식민지 개척에 나서게 되었다. 특히 19세기 자유무역주의가 확산되는 시대적 상황에서는 안정적인 시장과 원재료 및 노동력을 확보할 수 있는 해외 식민지가 더욱 필요했다. 때문에 영국의 식민지 정복의 첨병은 군대가 아닌 상업적 목적의 회사(동인도회사 등)였고 이 회사를 통해 자국의 경제적·군사적·외교적 영향력을 점차 확대시켜나갔다.

아랍어와 영어가 혼용되어 있는 쇼핑몰 간판

　심리적인 측면에서 영국의 제국주의 확장의 동기는 프랑스와 같은 다른 유럽 제국주의 국가에서도 발견되는 도덕적 우월감에 기반을 둔 '문명화의 사명(mission civilisatrice)'이었다. 자신들이 누리던 자유와 정치 체제에 대한 자부심을 갖고 있던 영국인들은 '미개인들의 지도자'로서의 역할을 자임했다. 이들은 앵글로 색슨 인종은 이 세상 다른 모든 인종들과 구별되는 통치 능력을 부여받았기 때문에 타 민족을 통치해야 한다는 자만과 착각에 빠져 있었고, 자신들만이 자유와 정의를 최고의 효율성과 결부시킨 헌정과 법 체제로 발달시킬 수 있다고 믿었다.

　영국인들의 이러한 과도한 의식과 타 인종에 대한 우월감은 영국인들이 갖고 있는 인종에 대한 인식을 조사해보면 곧 드러난다. 제국주의 시대에 영국인들은 앵글로색슨주의(Anglo-Saxonism)라는 독

요르단의 다국적 기업 버거킹과 맥도날드

특한 인종 의식을 발달시켰다. 이 이즘의 핵심은 앵글로 색슨 인종은
자유와 정의와 효율을 합친 헌정 체제를 통해 그들 자신은 물론 남
들도 통치할 특별한 능력을 부여받았다는 믿음이다.

이들은 문명의 정도에 따라 만들어진 사다리의 맨 위에는 앵글로
색슨이 위치하고, 다음에 독일인, 그 다음에 프랑스 등 라틴 국가들
의 순으로 배치되었으며 훨씬 밑에 아시아와 아프리카 사회가 위치
한다고 믿었다.

따라서 보다 우월한 인종이 보다 열등한 인종을 멸종시키는 것,
혹은 열등한 민족을 새로운 환경에 적응하도록 강제하는 것은 우월
한 민족의 사명이자 모든 생명체의 보편적 법칙이라고 믿었다.

특히 영국인들의 아프리카인과 아시아인에 대한 선민의식은 더욱
컸다. 이들은 유럽인과 니그로 사이에는 인간과 짐승을 구별해주는

것과 같은 간격이 있다. 열등 인간은 우리와 근본적으로 달라서 그들을 우리 수준으로 끌어올리는 것은 절대로 불가능할 것이라고 생각했다.

또한 아시아인들은 백인들과 같이 살 수 없는 유해한 동물이기 때문에 동화시키는 것보다는 제거하는 것이 낫다. 따라서 이들에 대한 교육은 경제적이지 못하며 시행하지 않는 것이 낫다고 규정지었다. 이러한 믿음은 영국이 중동과 아시아의 해외 식민지에서 자치주의를 시행한 심리적 기반이 되었다.

이런 의식은 당시 영국 고위 관리들의 발언에서 확인할 수 있다. 20세기 초 인도 총독을 역임했던 커즌(George Nathaniel Curzon, 1859~1925)은 "세계사에서 영국 제국보다 더 위대한 것은 없었다, 이처럼 인류를 위해 유익한 기구는 없었다"라고 공언하였고, 캐나다 수상이었던 알렉산더 맥캔지(Alexander Mackenzie, 1822~1892)는 "영국 제국은 동양적 전제로부터 아시아인들을 해방시켰고, 야만적 습관으로부터 아프리카인들을 해방시켰으며, 국제적 공격으로부터 백인 정착민들을 보호할 것"이라고 주장했다.

과대 망상적인 이러한 발언들이 가능했던 것은 당시의 영국이 갖고 있던 경제적 우월감, 강력한 해군력, 사회적 균형과 국내 안정, 강력한 종교적 추진력과 앵글로 색슨족으로서의 생득적인 사명감과 도덕적 우월감이 이들을 뒷받침해주었기 때문이다.

따라서 이들은 영국이 해외에 식민지를 확보하는 것은 영국뿐만이 아니라 세계 평화와 발전을 위해서 필요한 일이라는 믿음을 가졌다. 이들은 자신들이 식민지를 통해 얻은 것보다 식민지에 준 혜택이 더 많다고 믿었고, 따라서 식민지 국가가 영국에 저항하고 반발하는 것을 이해하지 못했다.

인종적 우월의식과 선민의식에 빠져 있던 영국의 해외 식민지 통치 정책은 당시 해외 식민지 확장의 라이벌이라 할 수 있었던 프랑스와 여러 가지 면에서 대조된다.

아시아, 아프리카, 중근동 등 전 세계를 대상으로 식민지 확장 경쟁을 벌인 영국과 프랑스는 제국주의를 통한 해외 식민지 개척이라는 공통점에서 출발했지만, 그 진행 과정은 뚜렷하게 구분된다.

일반적으로 식민지 통치의 이념을 종속주의, 동화주의, 자치주의와 연합주의로 구분할 때 프랑스는 동화주의를, 영국은 자치주의 방식을 대체로 선택했다. 물론 식민 국가의 상황과 경제적 필요성에 따라 정책의 융통성은 두었지만 대체로 양국의 기본 정책 기조는 유지되었다 할 수 있다.

프랑스가 채택한 동화주의는 외견상 식민 본국과 식민지 국민 모두 기본적으로 동일한 권리와 기회를 보장받는 자유와 평등의식을 강조했고, 자치주의는 식민지 국민의 전통 문화와 언어를 존중한다는 것을 강조했으나 이는 식민지의 경제적 수탈과 해외 식민지 확보를 포장하기 위한 나름의 전략이자 포장일 뿐이었다.

프랑스는 식민지 국민의 교육에 거의 관심을 갖지 않았고 식민지 국민들 중 소수의 '흉내내기자'를 양성해 이들을 통한 식민지 통치와 식민의 영구화를 추구할 뿐이었다.

영국의 자치주의 역시 식민지 국민들에 대한 인종적 편견에 기초했고, 식민지 국민들은 영국식 교육을 받을 자격조차 없는 미개한 인종으로 간주하여 서구식 교육의 기회 자체를 거의 부여하지 않았다. 결국 영국은 영국이었고 프랑스는 프랑스였으며 식민지는 자신들을 위한 물류 창고이자 희생양일 뿐이었다.

식민지 통치 이념을 반영한 언어 정책에 있어서도 프랑스는 직접 통치형 언어 정책을 사용했다면 영국은 간접 통치형 언어 정책을 시행했다.

직접 통치형 언어 정책은 식민지의 모어를 최대한 억압하고 제국의 언어를 식민지 국민들에게 강요하는 반면, 간접 통치형 언어 정책은 제국의 언어는 식민지 통치의 필요에 의해 부분적으로 교육할 뿐 이를 강요하지는 않고 오히려 식민지 국가의 전통 언어와 문화를 육성시키고, 정복지 국가에서 파견된 관리들도 상황에 따라서는 식민지의 언어와 문화를 습득하게 한다. 즉, 간접 통치형 언어 정책은 가능한 한 많은 정치적 자유를 식민지 국민에게 허용하고 경제만 정복국가에 예속시킨다. 따라서 식민지 국가의 전통 문화를 존속시키고 토착 언어 교육을 위한 학교를 설립하고 이들의 전통과 예술을 유지하는 자세를 취한다.

영국의 이러한 식민지 문화정책은 일견하기에는 피식민지 국가의 문화를 존중하는 것처럼 보이지만 실상은 정반대였다.

식민지 국가에서 영어와 영국식 교육이 시행되지 않은 것은 식민지 국민들에 대한 존중과 배려가 아니라 영국인들의 편협된 인종의식과 선민의식의 결과로서 아시아와 아프리카인들은 영국식 교육을 받을 자격이 없다는 그릇된 의식에서 시작된 것이다.

영국이 이러한 식민지 문화 및 교육 정책은 영국이 지배한 거의 모든 식민지 국가(요르단, 이집트, 인도, 말레이시아 등)에서 공통적으로 시행되었지만 국가별 상황과 환경에 따라 적절하게 변형되어 시행되었다.

요르단의 상황 역시 다른 영국의 식민지와 차이가 있다. 대부분의 영국 식민지는 식민 본국에서 총독 등을 파견하여 통치하였으나 요르단은 이슬람의 교조 무함마드의 직계 혈통인 하쉼가(Hashemite)가 자치권을 부여받아 통치했다.

1917년 이집트의 영국 고등 판무관이었던 맥마흔(Henry McMahon, 1862~1949)과 사우디아라비아에 있던 무함마드의 직계 후손인 샤리프 후세인(Ali bn Hussein, 1879~1935)은 당시 레반트 지역을 실질 지배하고 있던 오스만 투르크를 몰아내고 이 지역에 독립된 국가를 건설할 것을 밀약했다(맥마흔-후세인 서한).

이 밀약을 통해 사우디아라비아에 있던 샤리프 후세인이 이끄는 아랍 군대와 영국 군대가 연합하여 현재의 요르단 지역에서 오스만 투르크 군대를 격퇴시켰다. 이후 오스만 투르크의 반격에 대비한다는 명분하에 영국은 군대를 요르단에 주둔시켰고 이것이 이후 요르단이 영국이 속령이 되는 직접적인 계기가 되었다.

오스만 투르크 군대를 레반트 지역에서 철수시킨 후인 1921년 하쉼가의 아미르 압둘라(Abdullah I bin al-Hussein, 1882~1951)가 트랜스요르단(Transjordan)을 건국하였지만, 국방권과 외교권을 갖지 못한 반쪽 국가였다. 1922년 6월에 국제연맹(League of Nations)은 팔레스타인 지역을 영국의 위임령으로 결정했고, 이 결정에 따라 요르단 강을 경계로 서안 지역은 영국이 직할 통치하였고 동안 지역은 하쉼가가 자치적으로 통치하게 되었다. 1946년 트랜스요르단은 영국으로부터 완전히 독립하여 요르단강 동안을 국경으로 한 독립 국가 요르단 하쉼 왕국(Hashemite Kingdom of Jordan)을 건국하였고, 아미르 압둘라가 국왕으로 취임했다.

따라서 요르단은 영국의 속령이었던 트랜스요르단 시기에도 영국 출신의 총독이 요르단에 파견되어 통치한 것이 아니라 아랍 가문인 하쉽가에 의해 관리되었기 때문에 다른 제국주의 국가에서 일반적으로 나타나는 식민 본국으로의 동화와 같은 현상이 두드러지게 나타나지 않았다.

오히려 제한적이나마 트랜스요르단은 나름의 자치권을 행사하는 자치 국가로서 남아 있었고, 언어 정책에 있어서도 영어 유입을 위한 식민 본국의 강압적인 언어 정책도 시행되지 않았다.

따라서 요르단에서는 영국의 속령인 시절에도 비교적 아랍어가 잘 유지될 수 있었고, 독립 이후에 나타난 아랍어의 부흥 운동도 다른 국가에서 나타난 언어 주권과 정체성 회복 운동과는 다소간 다른 양상으로 진행되었다.

아랍어 회복 운동과 절반의 성공

전술한 것처럼, 제국주의 국가들에서 독립한 아라비아 반도와 북부 아프리카의 아랍 국가들의 당면 과제는 경제 개발과 함께 식민 지배를 통해 상실된 민족 정체성의 회복이었고, 이를 위한 구체적인 수단은 표준 아랍어의 회복과 부흥을 목표로 한 언어 정책(Arabization)의 수립과 시행이었다.

어느 집단에서든 언어는 지성, 사회, 학문과 기술 발달에 있어 주요한 역할을 담당하게 되고, 이를 위한 언어 정책은 국가와 집단의 정치적·사상적 통일을 이루기 위한 주요 수단이 된다.

어떤 언어의 화자라도 자신의 모어에 대해 애착과 긍지를 갖는 것은 지극히 당연한 현상이지만, 아랍인들의 표준 아랍어에 대한 긍지와 자부심은 다른 언어 화자들의 그것과 비교될 수 없을 만큼 강하다.

아랍어는 천상의 언어라는 종교적 믿음과 함께 아랍 공동체의 언어이며 아랍 민족주의와 아랍인의 정체성을 특징짓는 가장 중요한 요소로서 아랍어를 꼽는 것에서도 아랍인들의 아랍어에 대한 인식의 단면을 파악할 수 있다. 이러한 표준 아랍어에 대한 긍지와 자부심은 '아랍어화(Arabicization)'로 명명된 정책을 추진할 수 있는 주요 동력이 되었다.

아랍어화 정책은 대부분의 아랍 국가에서 공통적으로 시행되었고, 국가별 상황에 따라 다소간의 변별적인 특징을 보였다.

요르단의 아랍어화는 다른 아랍 국가와 달리 영어 사용의 확산으로 인해 위기에 봉착한 아랍어의 문제를 해결하기 위한 언어 계획(language planning)의 일환이라 할 수 있다.

오랜 기간 동안 정체되어 있던 아랍어는 시대의 변화에 부응하지 못할 만큼 퇴보해 있었고 어휘 부족은 심각한 수준이었다. 과학과 기술의 급속한 발전에 따라 만들어진 수많은 기기와 개념들을 표현할 수 있는 어휘가 절대적으로 부족했다. 그 결과 영어를 포함한 외래어가 아랍어에 급속하게 유입되어 빠른 속도로 확산되었고 아랍어 자체를 붕괴시킬 상황에 이르렀다. 따라서 현대 사회에 부응할 수 있는 신조어의 개발은 무엇보다 시급한 아랍어의 과제였다.

북부 아프리카 지역의 아랍 국가들이 시행한 아랍어화 정책은 국가 정체성 회복에 초점을 맞춘 정치·사회·이념적 성격이 강했던 반면, 요르단의 아랍어화 정책은 아랍어 자체의 부흥과 신조어 개발에

암만 시내의 공공 도서관

초점이 맞추어졌다는 점에서 차이가 있다 하겠다.

독립 이후 요르단의 표준 아랍어가 갖고 있던 문제는 난해한 문법, 현대적 용어의 부족과 현대표준 아랍어를 모어로 하는 화자 집단의 부재 등 언어 자체의 문제점뿐만 아니라, 사용 계층, 범위, 교육·행정의 언어, 교육 방법 등 언어 전반의 문제에 걸쳐 있었기 때문에 이의 개선을 위한 아랍어화 정책은 아랍어의 문제점에 대한 파악과 이의 개선을 위한 실행 계획 수립과 실천 및 평가에 이르기까지 언어 계획 전반에 걸친 종합적인 대책이 필요했다 할 수 있다.

또한 당시의 아랍어가 갖고 있던 전근대성과 표준어와 방언의 차이, 제한된 현대표준 아랍어의 화자 수 등의 복합적인 문제 때문에 아랍어화는 현대화(modernization), 표준화(standardization) 및 배양과 확산(cultivation)이라는 세 가지 점이 중요 고려 상항이 되었다.

160

이러한 상황에서 요르단 아랍어화의 목표는 아랍어 문법의 평이
화 및 표준화와 함께 현대 과학과 기술 용어의 개발 및 이의 확산에
맞추어졌다.

요르단에서의 아랍어화에 대한 관심과 연구는 1976년 요르단 아
랍어학술원(Majmaʕ al-lughat al-ʕarabiyat fi ʔurdun)이 설립된 이후부터
본격적으로 시작되었다.(Al-Abed Al-Haqq, 1987, 28)

시리아의 다마스쿠스 아랍어학술원(Majmaʕ al-lughat al-ʕarabiyat fi
Dimashq, 1919년 창설)이 아랍 세계에 최초로 창설된 이후 카이로 아
랍어학술원(1932년), 바그다드 아랍어학술원(1947년), 라바트 아랍
어학술원(1960년)에 이어 창설된 요르단 아랍어학술원은 다른 지역
에 비해 늦게 창설되었지만, 과학·기술 분야 신조어의 개발에 특별
한 관심과 노력을 기울였다. 이 학술원의 〈설립 규정 제4조〉에서는
학술원의 목적을 분명히 하고 있다.

요르단 아랍어학술원 설립 규정 제4조

-요르단 아랍어학술원은 아래와 같은 목적을 위해 활동한다.
-아랍어학술원은 아랍어의 순수성을 보존하고, 아랍어가 현대 과학과
  학문의 요구에 부합하도록 발전시킨다.
-아랍어학술원은 요르단 교육부 및 요르단 국내외 과학, 언어, 문화 연구
  소와의 협력하에 과학, 문학, 예술 분야의 아랍어 사전을 편찬한다.
-아랍어학술원은 언어, 과학, 학문 분야에서 아랍어와 이슬람의 유산을
  회복시킨다.

상기 규정에서 알 수 있는 것처럼, 요르단 아랍어학술원의 가장

큰 목표는 현대 사회가 요구하는 과학과 기술 등 학문 제 분야에 적합한 아랍어 용어를 조어(coinage)하는 것임을 알 수 있다. 특히, 요르단의 아랍어화는 '아랍어를 20세기 학문과 과학·기술의 용어로 적합한 언어로 만들기 위한 운동'으로 정의되었고, 실제로 그 과정도 과학과 기술 분야의 신조어 개발과 보급에 집중되었다.

요르단 아랍어학술원은 매년 다양한 분야의 과학·기술 용어를 조어하고, 이 용어들을 요르단 국내에 확산시키기 위한 각종 출판물(The Annual Cultural Season of the Jordan Academy of Arabic 등)과 정기 학술지 요르단 아랍어학술원 학술지(*Majallat Majmaʕ al-lughat al-ʕarabiyat fi ʔurdun*)를 발간하고 세미나를 개최하는 한편, 전 아랍 세계에 이 용어들을 보급하기 위한 노력을 기울였다.

요르단 아랍어학술원은 설립 이후 최근에 이르기까지 2만여 개의 과학·기술 용어를 만들었고 이의 확산을 위해 노력해왔다. 요르단 아랍어학술원이 조어한 주요 분야별 과학·기술 용어는 아래와 같다.[1]

관련 분야	연도	관련 분야	연도	관련 분야	연도
기상학	1981	군사-공병	1995	목공, 선반	1997
국제기구	1981	군사-통신	1995	공중 위생	1998
유약, 페인트	1989	군사-공근, 정보	1996	농업, 기계	1998
군사-정비	1994	군사-간호	1996	자동차 정비	1998
군사-측량	1995	대중매체, 전기 일반	1996	건축	2001
군사-포병	1995	경제, 상업, 금융	1997		

---

1) http://www.majma.org.jo/majma/res/data/en/achiev.htm

또한 기하학, 생물학, 대수학, 지질학, 화학, 생화학, 심리학, 약학, 외과학, 광학 등 현대 과학 · 기술 분야의 주요 참고 문헌들을 아랍어로 번역해서 연구소와 대학 등의 고등교육기관에 제공했다.

이외에도 *Biology*(Richard Goldsby), *Biochemistry and Physiology of the Cell(N.A. Edward & K.A. Hasal), Short practice of Surgery*(Bailey and Love) 등과 같은 과학과 의학 분야의 서양의 주요 저서들을 아랍어로 번역함으로써 관련 서양 용어의 아랍어화를 시도했다.

현대 사회와 과학 및 기술 분야의 아랍어를 조어하기 위한 상기와 같은 요르단 아랍어학술원의 노력에도 불구하고, 이러한 노력들이 구체적인 성과를 거두었다고 판단하기는 힘든 것 같다.

사와이(Sawaie, 1986)의 지적처럼, 새로운 과학 기술 용어를 만들기 위한 다양한 방법들을 고안하고 또 이러한 과정을 통해 새로운 신조어들이 만들어졌지만, 이 용어들이 교육 기관과 연구소 등의 전문가들과 일반 대중들에게 얼마나 수용되었는가 하는 것은 별개의 문제였다.

즉, 아랍어의 전통적인 조어 방식인 유추, 파생, 은유와 합성 등을 통해 새로운 어휘들을 조어해냈지만, 이들 어휘들이 전문 사용자와 일반 대중에게 확산되지 못하고 사장되는 경우가 허다했다. 또한 매스미디어와 인터넷 보급의 일반화로 인해 모든 지식과 정보가 공유되는 상황에서 라틴어 계열의 외래어가 아랍어 공동체에 빠른 속도로 확산되었고, 이 외래어에 대응할 수 있는 아랍어 용어는 외래어가 이미 확산된 후에 만들어지는 경우가 대부분이었다.

따라서 이미 외래어에 익숙해진 어휘 사용자들에게 나중에 만들어진 아랍어 대응 어휘는 화자들의 언어적 갈등만 야기시킬 뿐이었다.

또한 전 아랍 세계에 걸쳐 동일하게 사용될 수 있는 과학·기술 용어를 만들려는 요르단 아랍어학술원의 노력에도 불구하고 전 아랍 세계에서 통용될 수 있는 통일된 아랍어 용어의 구현에는 실패한 것 같고, 아랍어로 서양의 과학·기술 용어를 대체하려는 노력도 언어 사용자들에게 큰 호응을 얻은 것 같지는 않다.

이런 현상은 딕나쉬(Diknash, 1998)가 간호학 용어를 중심으로 간호학을 전공하는 요르단 대학생들을 대상으로 한 조사에서 확인되었다. 딕나쉬의 조사 결과에 의하면 그의 조사에 응한 대부분의 학생들은 요르단 아랍어학술원에서 만든 신조어 사용에 주저함과 불편함을 느낀다고 답했다.

요르단의 최고 교육 기관 요르단 대학교 정문

이처럼, 현대 사회에서 활용할 수 있는 신조어의 개발을 중심으로 한 요르단의 아랍어화 정책은 많은 성과를 거두었음에도 불구하고 성공적이라 평가하기는 힘들다. 특히, 아랍어 신조어의 확산과 화자의 수용이라는 측면에서는 심각한 문제점을 드러냄으로써 요르단의 아랍어화 정책은 절반의 성공에 그칠 수밖에 없었다.

현실과 이상

요르단인의 자긍심 현대표준 아랍어

요르단의 아랍어화 정책이 절반에 성공에 그쳤음에도 불구하고, 현대표준 아랍어에 대한 요르단 화자의 인식은 매우 긍정적인 것으로 판단된다.

요르단은 아랍 국가들 중에서 최고 수준의 높은 문해율(평균 95.9%/남 97.7%, 여 93.9%, 2011년 기준)[2]을 보이고 있는 나라다. 이는 대부분의 요르단 국민들이 표준 아랍어에 대한 높은 이해도와 숙련도를 갖고 있다는 의미다. 또한 요르단인은 이슬람의 교조인 무함마드의 직계 후손이라는 자긍심을 갖고 있어 현대표준 아랍어에 대한 긍지와 애착도 다른 아랍 국가에 비해 큰 것으로 판단된다.

현대표준 아랍어에 대한 요르단인들의 인식은 파와즈(Fawwaz)가 요르단에서 수학중인 대학원생을 대상으로 설문 조사 분석 방식으로 수행한 연구 결과를 통해 파악할 수 있다. 그의 연구 중 현대표준 아랍어와 아랍어화에 대한 화자의 인식에 대한 조사 결과는 아래와

---

2) https://www.cia.gov/library/publications/the-world-factbook/geos/jo.html

같다.

1998년 조사 결과

	항목	강한 긍정	긍정	무 응답	부정	강한 부정
1	현대표준 아랍어 사용은 교육받은 사람의 표시다.	53.1	28.4	7.1	9	2.4
2	현대표준 아랍어는 대학에서의 상호 소통을 극대화시키기 위해 사용되어야 한다.	40.3	39.8	5.2	11.4	3.3
3	교수는 학생들의 현대표준 아랍어 사용을 권장해야 한다.	46	44.5	4.7	1.9	1.9
4	현대표준 아랍어는 아름다운 언어다.	71.6	25.6	0.9	0.9	0.5
5	현대표준 아랍어 사용은 증가되어야 한다.	58.8	32.7	6.2	1.4	0.9
6	나의 아이들은 현대표준 아랍어를 사용할 것이다.	48.8	40.3	5.7	4.7	0.5
7	나는 현대표준 아랍어를 더 잘하고 싶다.	60.2	31.8	2.4	4.3	0.5
8	대학에서 현대표준 아랍어 사용을 권장하는 정치적 법령이 필요하다.	43.1	31.3	9.5	10.9	4.7
9	현대표준 아랍어를 사용하는 사람에 대한 사회적 우대가 필요하다.	34.1	28	12.3	17.5	8.1
10	아랍어화에 대한 관심과 열정이 필요하다.	52.6	33.2	5.2	5.7	3.3
11	아랍어화는 국가적 · 학문적 의무다.	59.7	29.9	6.2	2.4	1.4

단위는 %

위의 설문 중 문항 1), 4)는 현대표준 아랍어에 대한 화자들의 인식, 2), 3), 8)은 교육용 언어로서 현대표준 아랍어의 활용, 5,6)은 현대표준 아랍어의 미래에 대한 인식, 9)는 현대표준 아랍어의 사회적 확산을 위한 장치이며, 10), 11)은 아랍어화에 대한 화자들의 인식을 조사하기 위한 것이다.

위의 조사 결과를 보면, 전 문항에 걸쳐 현대표준 아랍어에 대한 응답자들의 인식은 매우 우호적이며 긍정적이라는 것을 알 수 있다. 개별 질문 항목의 강한 긍정과 긍정을 합할 경우 응답자의 약 80% 이상이 현대표준 아랍어에 대한 긍정적인 인식을 나타내었다. 특히, 대학 교육에서 현대표준 아랍어의 사용 확대에 대해 긍정적인 반응을 보였고, 현대표준 아랍어를 능숙하게 구사하는 자에 대한 사회적 우대에 대해서도 절반 이상이 긍정적인 반응을 보였다.

아랍어화에 대해서도 매우 긍정적인 반응을 보였다. 조사 참여자들의 전공은 인문학, 사회과학, 교육학과 공학에 걸쳐 고루 분포해 있으며, 현대 사회의 요구에 아랍어가 적절히 대응하지 못하는 현실에 대한 대응책으로 아랍어화를 강력하게 지지하고 있음을 알 수 있다.

1998년 조사된 상기 조사는 2013년에 동일한 질문으로 30~60대에 걸친 대학 교수들에게 다시 제시하였다. 이는 시간의 경과에 따른 화자들의 인식을 조사하기 위한 것으로서 현대표준 아랍어에 대한 화자들의 인식의 변화 추이를 파악할 수 있다는 점에서 유의미한 연구라 하겠다. 2013년에 동일한 질문으로 조사된 결과는 아래와 같다.

2013년 조사 결과

	항목	강한 긍정	긍정	무 응답	부정	강한 부정
1	현대표준 아랍어 사용은 교육받은 사람의 표시다.	68	28	4	0	0
2	현대표준 아랍어는 대학에서의 상호소통을 극대화시키기 위해 사용되어야 한다.	45.8	41.7	4.2	8.3	0
3	교수는 학생들의 표준 아랍어 사용을 권장해야 한다.	40	56	4	0	0
4	현대표준 아랍어는 아름다운 언어다.	92	0.8	0	0	0
5	현대표준 아랍어 사용은 증가되어야 한다.	62.5	29.2	4.2	4.2	0
6	나의 아이들은 현대표준 아랍어를 사용할 것이다.	56	24	12	8	0
7	나는 현대표준 아랍어를 더 잘하고 싶다.	56	32	8	4	0
8	대학에서 현대표준 아랍어 사용을 권장하는 정치적 법령이 필요하다.	36	32	4	28	0
9	현대표준 아랍어를 사용하는 사람에 대한 사회적 우대가 필요하다.	25	45.8	4.2	25	0
10	아랍어화에 대한 관심과 열정이 필요하다.	52	44	4	0	0
11	아랍어화는 국가적·학문적 의무다.	44	56	0	0	0

단위는 %

2013에 수행된 조사 결과를 1998년 조사 결과와 비교해보면 전 질문 항목에 걸쳐 긍정적 응답이 증가한 것을 볼 수 있다. 이는 나이가 듦에 따라 보수화 성향을 띠게 되는 일반적인 경향뿐만 아니라, 상기 조사에 참여한 대상자들이 최고 수준의 교육을 받은 지식인 계층으로서 교육 현장에서 현대표준 아랍어를 사용하고 있는 집단이라는 점이 중요한 요인이 될 것이다. 즉, 교육 수준이 높고 현대표준 아랍어에 대한 숙련도와 사용 빈도가 상대적으로 높은 계층은 시간의 경과에 따라 현대표준 아랍어에 대한 충성도가 더욱 높아졌다는 것을 알 수 있다. 이들 집단이 비록 소수의 제한된 집단이라 할 수 있지만, 이들이 요르단 사회의 여론을 형성하고 의사를 결정하는 집단(decision maker)이라는 점을 감안하면, 현대표준 아랍어의 사용과 확산 등과 관련된 현대표준 아랍어의 미래를 예측하는데 유의미한 자료라 할 수 있다.

대학을 포함한 고등 교육현장에서 사용되는 교육용 언어로 현대표준 아랍어를 사용하는 것에 대한 화자들의 인식은 유사한 성격의 다른 연구에서 확인되었다.

아부 힐루(Abu Hiloo)는 요르단의 의대생과 공대생들을 대상으로 의학과 공학 교육에 적합한 교육용 언어 변종에 대한 인식을 조사했다. 그의 조사 결과에 따르면 전체 조사 대상자의 30%는 영어로 전공 수업을 했을 때 불편함을 느낀다고 응답했고, 3%는 아랍어로 했을 때 불편함을 느낀다고 응답했다.

또한 알 시바이(Al-Sebaee,1995)는 베이루트의 AUB(American University in Beirut)의 의대생과 요르단 대학교 의대생들을 대상으로 비슷한 성격의 조사를 수행한 결과 아부 힐루의 조사 결과와 유사한 결과를 얻었고, 나하스(Naḥḥās, 2002)는 레바논에서 과학과 수학 분야의 교육용 언어에 대한 조사 결과 역시 유사한 결과를 얻었다.

이는 이공계 분야의 교육 수요자들도 영어와 프랑스와 같은 외국어로 수업을 받고 학습을 하는 것보다 이들의 무어인 아랍어로 학습하는 것이 보다 효과적이라는 인식을 갖고 있다는 것을 의미한다.

그러나 상기 조사 결과는 충분히 예측 가능한 결과라 할 수 있다. 요르단인들의 외국어에 대한 선호도가 높다 해도 자신들의 모어인 아랍어가 보다 자연스럽고 익숙한 언어이며, 본인의 전공을 아랍어로 학습할 수 있다면 시간의 절약과 이해에 많은 도움을 받을 수 있기 때문이다.

그러나 조사 대상자들이 이공계 분야의 교육용 언어로 아랍어를 선호한다 해도 교육 수요자들이 이 분야의 교육용 언어로 아랍어를 사용하는 것에 대한 적합도와 만족도는 다를 수 있다.

알 자르프(Al-Jarf, 2004)는 요르단과 사우디아라비아 대학생들을 대상으로 학문 분야별 교육에 가장 적합한 언어를 조사했고 그 결과는 교육용 언어에 대한 아랍인들의 인식에 시사하는 바가 크다.

그의 연구 결과에 따르면 조사 대상자 중 요르단 대학생은 96%, 사우디아라비아 대학생은 82%는 아랍어는 종교, 역사, 아랍 문학과 교육 분야의 언어로 적합하다고 응답했고, 영어는 의학, 약학, 간호학, 공학, 과학과 컴퓨터 분야의 언어로 적합하다고 응답했다.

즉, 요르단의 대학생들은 아랍어에 대한 충성심과 자부심을 갖고 있고 교육용 언어로 사용되기를 원하지만, 현실적으로 교육용 언어로 아랍어를 채택하는 데 한계가 있음을 동시에 깨닫고 있다 할 수 있다. 과학과 기술 분야의 외래어를 대체할 아랍어가 충분히 조어되어 있지 않고, 이의 보급도 원활하지 않은 상황에서 아랍어를 교육용 언어로 사용하는 것은 무리라는 인식이 반영된 것 같다.

감성적으로는 모어인 아랍어에 대한 지지와 애착을 갖고 있지만, 이성적으로는 아랍어의 한계를 인식하고 있는 것으로 판단된다.

따라서 현대표준 아랍어가 독립한 요르단에서 행정어, 교육어로서의 역할을 수행하기 위해서는 관련 학문 분야 아랍어 용어의 조어와 확산, 아랍어 교육의 확대, 아랍어 교사 양성 및 확보, 아랍어 교육을 위한 기반 시설 구축, 아랍어를 사용하는 일자리의 창출 등 많은 과제들이 산적되어 있었고 이 과제들은 일순간에 해결될 수 있는 것이 아니었다. 결국 아랍어의 부흥을 위해서는 정부의 강력한 의지, 이 작업을 수행할 전문기관 및 인력의 확보와 많은 시간과 예산을 필요로 했다.

교육과 행정 분야를 포함한 언어의 제 분야에서 아랍어가 개별 언어로서의 기능을 충실히 수행하기 위해서는 많은 노력과 시간을 필요로 했지만 일반 대중들은 이를 기다려주지 않았고 결국 그 공백을 영어가 메꿀 수밖에 없었다. 즉, 아랍어의 부흥을 위한 과정이 신속하고 체계적으로 진행되지 못했고 아랍어는 현대 문명의 빠른 발전에 적절히 대응하지도 못했다.

아랍어 신조어의 생성과 확산에 요구되는 시간보다 과학 기술의 발전 및 사회의 변화가 훨씬 빠르기 때문에 아랍어화는 근본적으로 한계를 갖고 있었다 할 수 있다.

취업을 위한 기본 스펙 영어

어느 지역을 막론하고 환경과 자원이 열악한 나라에서 국가 발전을 위한 기본 동력을 확보하기 위해서는 인적 자원의 개발이 무엇보다 중요하고 이를 위한 교육 시스템의 개발과 실행은 국가의 미래를 결정하는 가장 중요한 사업이다.

요르단은 산유국도 아니며 관광 및 부존 자원이 빈약한 개발 도상국가다. 기초 생활에 필요한 식량과 전력조차도 인근 아랍 국가의 원조와 미국과 유럽 등의 서방 국가의 경제 지원에 의존할 수밖에 없는 요르단의 상황에서는 이를 타개하기 위한 방안으로 인적 자원의 개발에 큰 힘을 쏟았고, 대외적으로는 사회 문화 전반에 걸쳐 개방적인 기조를 유지했다. 이러한 요르단의 생태적 환경은 식민지 시대는 물론, 독립 이후에도 개선되지 않았다.

따라서 독립 요르단 정부는 독립 이후에도 사실상 식민 지배국이었던 영국의 문화를 스스로 수용하고 유지하는 정책을 취했다.

언어적인 측면에서는 영어의 유지 및 확산을 국가적 차원에서 지원하는 경향마저 나타났다. 이는 국가적 차원에서는 국가 생존과 발전을 위한 전략적인 선택이었으며 개인의 차원에서는 취업과 승진 등 생계와 소득 증대를 위한 불가피한 선택이었다.

이러한 국가적 · 사회적 환경과 상황적 요구에 의해 독립 이후에도 요르단에서의 영어 교육은 꾸준히 계속되었고, 영어의 사용 영역도 확장되었다.

특히, 2000년 취임한 현 압둘라 2세 요르단 국왕은 유년기와 청년기에 영국에서 교육을 받은 서구적 경향이 강한 인물로서, 그의 국왕 취임 이후에는 요르단에서 영어 교육이 더욱 강화되었다. 그는 요르단의 경제 발전과 미래를 위해서는 개방 정책이 필요하다는 판단하에 국가 부흥을 위한 정책으로서 경제 자유 지역의 확장과 관광 산업의 중흥을 내세웠고 이의 실현을 위해서는 영어 교육의 강화가 필수 요건이 되었다.

요르단의 교육 일정과 프로그램은 '교육 과정과 교과서위원회(Committee for Curriculum and School Textbooks)'에서 결정되고 공립과 사립학교에 동일하게 적용된다.

요르단의 공식 영어 교육도 상기 위원회에서 수립한 교육 개혁 계획(Educational Reform Plan, EPL)에 따라 실행되고 있다. 1990년부터 시행되기 시작한 이 계획에 의하면 요르단 학생은 초등학교 1학년 과정부터 대학 진학 때까지 매주 5~6시간을 필수 과목으로 영어를 학습하게 된다.

국가 정책에 따라 영어 중심 교육이 시행된 결과 요르단에서는 독일어, 프랑스어, 스페인어 등 다양한 외국어가 교육되고 있음에도 불구하고 영어가 제1외국어의 위치를 차지하고 있으며 공사립학교의 제1외국어로 교육되고 있다.

그 결과 영어는 요르단에서 가장 권위를 가짐과 동시에 대중적인 언어(특히 고등교육 기관)가 되었다. 또한 글로벌화의 영향으로 영어의 영향력이 전 세계적으로 확장됨에 따라 요르단에서 영어의 영향력은 더욱 확장되었다.

따라서 독립 이후 요르단에서 영어의 위상과 기능은 침략국이었던 영국이 언어 제국주의의 관점에서 영어의 영향력을 요르단에서 유지시키고 노력했다기보다는 현대 사회의 변화에 적절히 대응하지 못한 아랍어가 영어에 그 위상과 역할을 허용했다 할 수 있다.

전술한 바와 같이 요르단이 영국의 속령이었던 시기에도 요르단은 자치 정부에 의해 운영되고 있었고, 영국 정부도 굳이 요르단에 영어를 강요하지 않았기 때문에 요르단인들의 영어에 대한 저항감도 크지 않았다.

독립 이후 아랍어가 국어(national language)로서의 기능과 역할을 충실히 수행하지 못하자, 영어가 자연스럽게 그 자리를 차지한 것이다. 즉, 요르단의 영어는 영어를 확산시키려는 외부적인 강제적 압력이 아니라 요르단인 스스로 필요에 의해 영어를 수용했다 할 수 있다.

이런 인식은 독립 이후 요르단에서 영어의 인식과 필요성에 대한 조사에서 잘 나타났다. 해리슨(Harrison)과 터커(Tucker, 1975)는 독립 이후 요르단 화자들의 영어에 대한 인식 조사를 수행했다. 이 조사는 공무원과 회사원, 대학생 등 비교적 중상위 계층을 이루며 사회의 여론을 형성하는 계층의 총 4,084명을 대상으로 수행되었다.

조사 응답자들은 직장에서 가장 많이 사용하는 언어로서 아랍어 (93%)와 영어(7%)를 지목했고, 전체 응답자의 63%는 업무 수행을 위해 영어를 사용한다고 응답했다.

직업별 분포로는 경영 및 관리직 응답자 중 85%가 업무 수행을 위해 영어가 필요하다고 응답했으며, 영업직 74%, 전문직 70%, 일반직은 62%가 영어가 필요하다고 응답했다.

또한 취업을 위해 영어가 필요하다는 응답은 54%였으며 이들은 학력이 낮아도 영어 사용 능력이 뛰어나면 고소득을 올릴 수 있다고 응답했다.

영어를 배우는 목적은 고소득과 취업 및 유학을 위해서와 외부 정보를 얻기 위해서라는 응답이 주를 이루었다. 또한 응답자의 87%는 영어의 조기 교육이 필요하다고 응답했으며, 93%는 자식들의 영어 능력 개발이 매우 중요하다고 응답했다.

유사한 성격의 조사를 고교생과 대학생 및 고교 교사를 대상으로 수행한 자루르(Zarour)와 나쉬프(Nashif, 1977)는 남학생보다 여학생들이 영어 사용에 대해 긍정적인 입장을 보였으며, 비교적 부유한 환경의 사립 고교 학생들이 공립 고교 학생들보다 영어에 대해 개방적인 인식을 갖고 있음을 보여주었다.

영어에 대한 요르단인들의 인식은 시간의 경과에도 불구하고 큰 변화는 보이지 않은 것 같다. 최근(2013년)에 실시된 영어에 대한 요르단 화자들의 인식 조사는 영어에 대한 요르단 화자들의 인식을 파악할 수 있다.

알리 바니(Khaled Turki Ahmad Ali Bani, 2013)는 요르단 대학교 학생들을 대상으로 현재의 삶과 미래의 직업에 있어 영어의 역할에 대한 의식을 묻는 면담 조사를 실시하였다. 영어의 기능과 역할에 대한 이 조사에서 대부분의 응답자들은 영어에 대해 호의적인 인식을 갖고 있었고, 영어가 필요한 이유로서 취업, 자기 개발, 국제어로서 영어의 역할, 승진, 문화적 흥미, 여행과 이민 및 SNS 활동을 위해 영어가 필요하다는 인식을 나타내었다. 이러한 인식과 입장은 1970년대 요르단인들의 영어에 대한 인식과 거의 일치한다고 할 수 있다.

상기 조사를 통해 볼 때 아랍어화를 위한 요르단 정부의 노력에도 불구하고 글로벌화의 영향 등으로 인해 요르단에서 영어의 영향력은 더욱 확장되었고 영어에 대한 인식도 개선되었다 할 수 있다. 향후에도 글로벌화의 영향은 더욱 확대될 것이라는 외부적인 환경과 아랍어화를 위한 정부의 계획과 정책이 큰 효과를 거두기 어렵다는 내부적인 환경을 고려할 때 영어에 대한 요르단 화자들의 인식 역시 더욱 긍정적인 경향을 띠게 될 것으로 판단된다.

아랍어의 미래와 한계

요르단은 이슬람 국가로서의 정체성을 확고하게 갖고 있는 나라다. 특히, 다른 이슬람 국가와는 달리 이슬람의 교조 무함마드의 직계 후손인 하쉼가가 통치하고 있는 국가여서 이슬람 공동체에서 특별한 위치를 차지하고 있기도 한다.

따라서 요르단이 1946년 영국의 위임 통치에서 벗어나 독립을 맞이한 이후 이슬람 국가로서의 정체성을 회복하려는 움직임은 지극히 당연한 현상이라 하겠다.

이러한 국가 정체성 회복의 일환으로 요르단에서 추진된 아랍어화 정책은 과학과 기술 등 이공계 분야의 신조어 개발을 중심으로 진행되었다. 요르단 아랍어학술원을 중심으로 진행된 일련의 정책은 새로운 과학·기술 용어의 조어와 확산, 출판과 보급 등 많은 성과를 거두었고 지금도 진행 중이라 할 수 있다.

1976년 요르단 아랍어학술원의 설립과 함께 시작된 이 정책은 그 성과에도 불구하고 절반의 성공을 거두는 것에 그쳤다고 판단된다. 이는 현대 사회의 급속한 과학·기술의 발전에 보조를 맞추는 신속한 아랍어 신조어 개발을 하지 못했고, 만들어진 아랍어 대용어의 보급과 확산 및 아랍 세계에서의 통일된 사용도 이루지 못했기 때문인 것으로 판단된다.

이는 과학·기술의 발달과 인터넷을 통한 정보의 공유 및 확산과 출판물의 보급 속도에 비해 아랍어 신조어의 개발과 확산은 속도에 있어 현저하게 차이가 난다는 구조적인 한계에 기인한 바가 크다고 판단된다. 따라서 이러한 구조적 한계를 극복하지 못하는 한 아랍어 신조어의 보급과 확산에는 한계가 있다고 판단된다.

표준 아랍어와 영어에 대한 인식에 있어서 요르단 화자들은 그들의 언어인 현대표준 아랍어와 글로벌 언어인 영어에 대해 자칫 모순이 될 수도 있는 이중적인 판단 기준을 갖고 있는 것으로 판단된다.

요르단인들은 현대표준 아랍어에 대한 높은 수준의 긍정적 인지도와 자긍심을 갖고 있는 것으로 조사되었고, 미래에 현대표준 아랍어가 더 많이 사용되고 확산되어야 한다는 인식도 갖고 있었다. 교육용 언어로서 아랍어의 확산에 대해서도 긍정적 지지 의사를 밝혔다.

그러나 동시에 현대표준 아랍어의 한계에 대한 인식도 함께 갖고 있는 것으로 판단된다. 비록 현대표준 아랍어가 아랍인의 정체성을 담보하는 언어이고, 자신들의 신앙인 이슬람의 언어인 것은 분명하지만, 글로벌화된 현대 사회에서 영어의 필요성과 위력에 대해서도 충분히 인식하고 있었다.

국가적 차원에서는 국가 생존과 발전을 위한 전략적 차원에서 영어가 필요하고, 개인적 차원에서는 취업과 승진 및 소득 증대와 상류 사회의 진출 등을 위해서 영어 숙련도가 요구되고 있다. 즉, 요르단 화자들은 아랍어화에 대한 열망과 함께 영어의 현실적인 필요성을 동시에 수용하고 있는 상황이라 할 수 있다. 따라서 요르단 사회에서 영어는 그 나름의 역할과 기능을 유지하고 있고 그 영향력은 향후에 더욱 확장될 것으로 판단된다.

교육과 행정의 언어로서 자신의 언어를 사용하는 것은 국가 정체성과 위신의 확립을 위한 가장 중요한 기준 중의 하나일 것이다. 요르단 역시 교육용 언어로서 아랍어를 사용하기 위한 많은 노력을 기울였음에도 불구하고 이 역시 절반의 성공에 그친 것 같다.

알 자르프(Al-Jarf)의 연구 결과처럼, 학문 분야에 따라 아랍어가 교육용 언어로 적합한 분야가 있지만, 영어가 적합한 교육 분야도 있었다. 특히 빠른 발전을 거듭하고 있는 과학·기술 분야에서 아랍어로 교육하는 것이 비효율적임은 여러 조사에서 입증되었다. 아랍어화의 노력이 지금도 계속되고 있으나 교육 현장에서 영어의 영향력은 지속적으로 확대되고 있다는 것이 이들 조사를 통해 입증되었다 할 수 있다.

결론적으로 요르단 화자들은 아랍어화에 대한 긍정적 지지와 필요성에 대한 인식을 갖고 있지만 그 한계에 대해서도 인식하고 있는 것으로 판단된다. 또한 모든 교육이 아랍어로 이루어져야 한다는 것에 대한 필요성과 희망은 있지만, 이러한 기대가 현실화될 것이라고 믿는 사람은 많지 않은 것 같고 그 효용성에 대해서도 의심이 있다 할 수 있다.

요르단 대학교 아랍어연수원

이러한 희망과 한계는 언어적인 요인뿐만 아니라 요르단이 처한 정치, 외교, 경제, 사회적 상황과 같은 언어외적 요인, 글로벌화된 국제 환경 등과 같은 외부적 요인들이 긴밀히 연관되어 있어 요르단의 국가 상황이 개선되지 않는 한 앞으로도 계속될 것으로 전망된다.

참고문헌

박지향. 1995. "영국제국주의와 일본제국주의의 비교". 『영국연구』 제2호.

윤용수. 1998. "요르단 구어체 아랍어에 관한 연구". 한국외대 국제지역연구센터 『국제지역연구』 제2권 제2호.

윤용수. 2003. "요르단 구어체 아랍어 변종에 대한 인식". 한국아랍어아랍문학회 『아랍어와 아랍문학』 7집 2호.

윤용수. 2013. "유럽 제국주의 국가의 대중동 언어정책과 그 영향-레바논을 중심 으로". 명지대학교 인문과학연구소. 『인문과학연구논총』.

윤용수. 2014. "모로코의 언어 혼종 연구". 한국아랍어아랍문학회. 『아랍어와 아랍문학』 18집 3호.

최진영. 2003. "요르단 구어체 아랍어 변종과 음운적 특성". 한국이슬람학회. 『한국이슬람학회논총』 제13권 제2호.

Al-Abed Haq Fawwaz. 1989. Implication of Language Planning into Arabization in Jordan. *International Journal of Islamic and Arabic Studies* 6(2).

Al-Abed Haq Fawwaz. 1998. Language Attitude and the Promotion of Standard Arabic and Arabization. *Al-`Arabiyya* 31.

Al-Asal Mahmoud Sabri & Oqlah Smadi. 2011. The Effect of the Language of Instruction on University Participants acquisition of Scientific Terms. *European Scientific Journal*. November. Vol.25.

Al-Jabery Mohammad & Zumberg Marshall. 2008. General and Special Education System in Jordan: Present and Future Perspective. *International Journal of Special Education* Vol.23 No.1.

Al-Jarf. R.. 2004. Colleage Students's Attitude towards Using English and Arabic as a Medium of Instruction at the University Level. *World Arabic Translator's*

Association.

Alston Leonard. 1907. *The White Man's Work in Asia and Africa*. Longmans.

Diknash, Sahar Jamil & Al-Abdel Haq Fawwaz. 2012. An Evaluative Study of the Arabicized Nursing Terms from a Language Planning Perspective. YU-Dbase. Mulakhaṣāt al-Rasāʔil al-Jāmiʕah.Yarmuk University.

Faris. S. 1999. Arabization: Technology Transfer and Heritage Revival. Conference of Arabization and Translation Development. king Saud University.

Jūrj Naḥḥās. 2002. ʔiʕdād al-Mualimīn wa Tadrībihim: Mustaljimāt Ruwiyat Mutajadida. *ʔiʕdād al-Mualimīn fī al-Buldān al-ʕarabiyyah*. Al-Hayat al-Lubnaniyyat al-ʕulūm al-Tarbiyah.

Green and Co. Harrison W.. C. Prator & R. Tucker. 1975. *English Language Policy Survey of Jordan A Case Study of Language Planning*. Arlington VA. Center for Applied Linguistics

Hyam Ronald. 1993. *Britain's Imperial Century* 1815-1914. Macmillan

Khaled Turki Ahmad Ali Bani. 2014.The Role of English as Perceived by Students of Applied English at the University of Jordan. *European Scientific Journal*. February. Vol.10, No.5

M. Ibrahim, 1982. Arabicization of Human Sciences: Problems and Prospects, the Conference of Arabicization, Damascus. 27.April.~3.May)

Marshall P.J.(ed.). 1996. *The Cambridge Illustrated History of the British Empire*. Cambridge University Press.

Rababah H. 1995. Translating English Medical Terminology in Arabic. The Problem of Synonymy. MA thesis. Yarmuk University.

Qāsimī Ali. 1988. Takhṭīṭ as-Siyāsah al-Lughwiyah fī al-Waṭan al-ʕarabī wa Makānah al-Muṣṭalaḥ al-Mauḥid. *Lisānul al-ʕarabī*. Vol. 30.

Sawaie. M. 1986. Arabic Language Academies as Language Planners. Nancy Schweda

Nicholson(ed.). *Language in the International Perspective*. Cambridge University Press.

Sayadi, Mohammad. 1985. *Arabicization and Its Coordination in the Arab World*. Beirut: Center of Arab Unity Studies.

Tahaineh Yousef, 2013. Jordanian Undergraduates' Motivations and Attitudes towards Learning English in EFL Context. *International Review of Social Sciences and Humanities*. Vol.4. No.2. 165

Y. Abu-Hiloo & Lutfiya, L. 1984. Evaluation of stage1 of higher education Arabization carried out by the Arabic Language Academy of Jordan. *Arabic Journal of Humanities*, 14, 90

Zarour. G. & R. Nashif. 1977. Attitudes towards the Language of Science Teaching at the Secondary Level in Jordan. *Linguistics*. No. 198.

Z. Al-Sebaee. 1955. Experiments in Using Arabic as a Medium of Instruction in Medical Arabic. *Eastern Province Literary Association*. Saudi Arabia.

http://www.majma.org.jo/majma/index.php/2008-12-21-07-49-01.html

http://www.majma.org.jo/majma/res/data/en/achiev.htm

https://www.cia.gov/library/publications/the-w0orld-factbook/geos/jo.html

7장

모자이크 국가
레바논의 언어

서로 다른 문화와 언어를 가진 집단의 만남은 필연적으로 교류를 유발시킨다. 이 접촉은 양자(또는 다자) 간 호혜평등의 원칙하에 수평적 교류가 이루어지는 경우도 있지만, 전쟁등으로 인한 지배와 피지배 관계에 기초한 수직적 교류가 대부분이었다는 것을 인류 역사를 통해 확

레바논, 사진 출처: http://www.operationworld.org/leba

인할 수 있다. 전쟁을 통한 정복 활동은 지배국에게 영토 확장 이외에 막대한 경제적 부의 획득과 문화적 우월감을 안겨준다. 이러한 문화적 우월감의 표현은 지배국의 문화가 피지배국에 확산됨으로 인해

구체화된다.

문화에는 다양한 요소들이 포함되어 있지만, 문화는 대부분 해당 언어로 표현되기 때문에 언어는 문화의 가장 핵심적인 요소로 간주된다. 때문에 식민 지배국은 식민국의 정신적 지배를 공고히 하기 위해 지배국의 언어를 식민국에 확산시키려는 노력을 기울이게 된다. 이는 프랑스, 영국, 이탈리아, 스페인, 포르투갈과 일본 등 대부분의 19세기 제국주의 국가들이 공통적으로 시행했던 정책이기도 하다.

이들 제국주의 국가 중 프랑스는 자국의 문화와 언어를 식민지에 가장 성공적으로 착근시킨 국가에 해당한다. 제2차 세계대전 종전 후 식민 상태에 있던 대부분의 국가들이 정치적 독립을 한 후, 식민 지배국의 언어와 문화 등 식민 잔재를 청산하려 노력했고 상당 부분 성과를 거두었다. 그러나 프랑스의 지배를 받았던 나라들은 독립 후에도 여전히 프랑스의 직·간접적인 영향력 하에서 벗어나지 못하고 있다는 점에서 프랑스 식민지 문화 및 언어 정책의 성과를 확인할 수 있다.

프랑스의 식민 지배를 받은 레바논의 경우도 이러한 사실에서 크게 벗어나지 않는다. 동지중해의 전략적 요충지에 위치하고 있는 지리적 요인으로 인해 과거에도 그러했던 것처럼 근대에도 레바논은 많은 주변 강대국들의 공격과 지배를 받아왔고 20세기 초 제국주의 시대에는 프랑스의 지배를 받았다. 비록 프랑스의 레바논 점령 기간 (1920~1943)은 20여 년에 불과했지만, 이 기간 동안에 프랑스어는 레바논의 주요 언어로서 뿌리내려 그 위치를 공고히 하였고, 1943년 11월 22일 레바논 독립 이후에 법적으로는 아랍어가 유일한 공용어가 되었지만, 프랑스어는 여전히 그 영향력을 행사하며 사실상의 공용어 위치를 차지하고 있다. 20여 년이라는 짧은 기간에도 불구하고 프랑스어가 레바논에서 굳건한 위치를 차지할 수 있었던 것은 역사적으로 다중문화(multi-culture) 국가라는 레바논의 특징 때문에 외국어의 착근이 비교적 용이하다는 역사적·환경적 요인과 함께, 프랑스의 식민지 언어 정책에 기인한 바가 크다.

따라서 레바논의 프랑스어 수용 과정을 파악하기 위해서는 프랑스어가 레바논에 정착하게 된 과정, 특히 식민시대에 실시된 프랑스의 식민지 언어 정책에 대한 연구와 이해가 필요하다. 이때 정착된 교육제도와 정책은 독립 이후에도 레바논 교육 정책과 제도의 근간을 이루고 있다. 취학 이전부터 초등→중등→대학 교육을 거치는 동안 레바논인들에게 자연스럽게 노출되는 프랑스어 교육 체계와 사회적 환경은 레바논인의 프랑스어 수용에 결정적인 영향을 끼치고 있기 때문이다.

레바논에서 아랍어와 프랑스의 언어 간 접촉과 프랑스어의 수용은 이질적인 성격의 언어 간 접촉으로 인한 외래어의 수용 형태와 양상 및 이와 관련한 언어 정책을 연구하는 데 좋은 자료를 제공하고 있다. 또한 동지중해의 중심에 자리 잡고 있는 레바논의 국가 정체성을 파악하는데도 매우 유용하다고 생각된다.

고급 인종들은 하급 인종들에 대한 권리가 있습니다?

제국주의를 표방한 프랑스의 식민지 확보 정책은 17세기 북아메리카의 캐나다를 식민지화함으로써 본격화되었다. 프랑스의 식민지는 북아메리카뿐만 아니라, 동남아시아, 인도, 서남아시아와 아프리카대륙 등 전 세계에 걸쳐 있었다.

프랑스의 식민지 정책은 전략적인 필요에 의해 식민지와의 연합 정책을 병행하기도 했지만, 기본적으로 동화주의에 입각한 직접 통치 방식을 고수했다.

동화주의 정책은 20세기 초 대부분의 서구 제국주의 국가들이 식민지 국가 통치에 적용한 방식으로서, 식민지 민족의 혈통과 문화를 식민 지배국과 융합 및 동화시킴으로써 궁극적으로 두 국가를 통합시키는 정책이다. 이 정책은 명목상으로는 경제적·문화적 미개발 국가에 선진 문명과 문화를 이식시켜 국가 발전을 꾀하고 식민지 국가의 국민들에게 식민 지배 국가의 국민과 동일한 권리 및 자유를 부여한다는 것이지만, 결국은 식민지 국가의 정체성과 역사 및 문화를 말살하는 정책이다.

동화주의자들은 서로 다른 문명이 접촉하면 부분적인 접근이나 모방을 초월해서 종족과 문명의 특질마저도 융합 및 동화될 수 있고 그 동화는 바람직한 결과를 낳는다고 믿었다.

프랑스의 동화정책은 1789년 프랑스 혁명의 평등과 박애 사상에 뿌리를 두고 있다. 정복을 통해 확보한 식민지의 원주민들에게 선진화된 프랑스 문화와 제도를 보급함으로서 이들을 계도시키고 프랑스인들과 동등한 자유와 삶을 부여하는 것을 목표로 한다는 점에서 동화주의의 특징을 잘 반영하고 있다.

서구 문명의 우수성과 프랑스 문화의 보편성을 확신한 프랑스 식민주의자들은 19세기부터 식민지 국민들을 프랑스 모국의 법과 가치 체계에 부합하는 시민으로 개조시킴으로서 민주주의와 제국주의의 모순을 극복할 수 있다고 믿고 동화정책을 추진했다.

그러나 프랑스의 이러한 주장은 선전적인 주장일 뿐이며, 실제로는 식민지 국가의 경제적 착취와 군사 거점의 확보 및 문화적 우월성의 확보가 주된 목표라 할 수 있다.

프랑스 동화정책의 진면목은 프랑스 제3공화국의 대표적인 정치가이자 식민주의자인 줄 페리(Jules Ferry, 1832~1893)의 연설에서 잘 나타난다.

그는 "…고급 인종들은 하급 인종들에 대한 권리가 있습니다. 우월한 인종들은 권리가 있습니다. 왜냐하면 그들은 의무를 지고 있기 때문입니다. 그들에게는 열등한 민중들을 문명화해야 하는 의무가 있습니다…" 줄 페리의 이 연설은 프랑스 식민주의자들의 세계관과 그들의 목표가 무엇인지를 분명하게 보여주고 있다.

베이루트의 다문화 공간 나즈마광장

프랑스의 동화주의 정책은 식민지 국가의 경제와 문화 및 민족정신의 파괴를 수반한다는 점에서 식민지 국가의 커다란 저항을 야기시켰다. 또한 이 정책은 기존의 우월한 위치와 특권에 대한 도전을 허용하지 않는 순수 프랑스인들의 강력한 저항에 부딪치기도 했다.

민족적·문화적 선민 의식을 갖고 있던 일부 프랑스인들에게 열등한 식민지 국민과의 동화 및 융합은 프랑스와 프랑스인에 대한 모욕으로 받아들여졌기 때문이다.

19세기말 경부터 프랑스의 동화정책은 간접통치와 유사한 연합정책으로 대체되었다. 연합 정책은 식민지 국가의 전통, 관습과 종교 등을 부분적으로 인정하고 존중한다는 점에서 동화정책과 구분된다. 그러나 프랑스의 연합정책은 동화정책의 특징을 상당 부분 계승한 채 전술적인 변화만 한 것이다. 이는 식민지 국민들을 프랑스화시키는 정책 기조는 계속 유지하였고, 중앙집권적인 행정 조직도 그대로 존재했다. 또한 프랑스어의 확산과 토착어의 배제정책 역시 그대로 유지되었다는 점에서 확인할 수 있다. 이러한 변화는 식민 국가의 저항을 무마시키기 위한 전술적인 변화일 뿐 기본적인 식민지 관리 정책인 동화정책은 유지되었다고 할 수 있다.

프랑스 식민 정책의 특징 중의 한 가지는 식민 국가의 현지인을 활용한 대리 통치방식이다. 식민지의 일부 원주민을 프랑스인으로 동화시켜 그들에게 제한된 권한을 부여하고 이들을 통해 식민 국가에 대한 대리 정책을 펼쳤다.

이들 토착 지역 대표들은 자국의 전통적 절차에 의해 선출된 것이 아니라 프랑스에 충성하거나 프랑스식 교육을 받은 자들 중에서 선출하였고 제한된 권한과 혜택을 이들에게 부여함으로써 프랑스인으로 동화시켰다. 이들 중의 일부는 프랑스 국회에 진출하기도 했고, 1940년과 1950년대 프랑스 내각에 참여하기도 했다.

이 정책은 지역의 토착 대표가 갖고 있는 전통 권위를 이용함으로써 식민지를 보다 효과적으로 관리할 수 있다는 판단에 따른 것이다. 이들에게 지역 관리에 대한 권한을 부여함으로써 외형상으로는 보다 민주적인 식민지 지배 방식을 시행한 것이다.

이들 계층은 프랑스를 모방하고 추종하는 것이 식민지 국가의 발전을 위해 필요하다고 생각했고, 자신의 전통 문화를 배격하는 입장을 취했다. 그 결과 이들 계층은 프랑스 본국의 프랑스인들보다 더욱 프랑스를 신봉하고 추종하는 세력이 되었고, 이들은 프랑스 정부의 식민지 정책 수행의 전초 부대 역할을 자임했다.

그러나 토착 지역 대표를 활용한 식민지 통치의 궁극적인 목적은 프랑스 정치 관리들의 편의를 위한 것으로서, 토착 지역 대표들에게 지역 관리에 대한 전권을 부여한 것이 아니라, 해당 지역 내에서만 그들의 권위와 권한을 부분적으로 허용하였다. 그 결과 프랑스 식민 체제의 토착 지역 대표들은 프랑스 정치 조직의 하급 관리로 귀속되거나, 확실한 권한과 세력을 가진 중앙정부의 지방 대리인이 되었다.

이러한 프랑스의 식민지 동화정책은 상당 부분 성공을 거두었다. 1962년 알제리-프랑스 간의 7년간의 전쟁 종식을 선언한 에비앙평화회담에 따라 알제리에서 독립에 대한 투표가 열렸을 때 프랑스 대통령이었던 드골(Charles Andr Marie Joseph De Gaulle, 1980~1970)은 알제리 국민들에게 프랑스의 일부로 남을 것인지, 아니면 독립할 것인지 선택할 것을 요구했다. 이는 프랑스 식민지였던 국가에 대한 프랑스의 자신감의 표출이라 할 수 있다. 알제리의 경우는 국민들이 독립을 압도적(97.8%)으로 선택했지만, 프랑스의 이러한 요구에 대해 상당수의 아프리카 정치인들은 프랑스의 일부분으로 남기를 원했다는 점에서 프랑스 동화정책의 성과를 알 수 있다.

대리인을 활용한 식민지 통치 방식은 프랑스뿐만 아니라 영국, 포르투갈, 이탈리아 등 제국주의 정책을 표방한 국가들의 공통점이다. 이들은 식민 국민들의 저항을 무마하고 흡수하는 완충제의 역할과 함께, 프랑스 문화를 식민 국가에 침투시키는 매개체의 역할도 동시에 수행했다. 식민 국가는 이들 서양화된 원주민 지도자의 지위를 보장해줌으로써 식민주의자들의 도덕성을 고양시킬 수 있다고 믿었다.

프랑스의 동화정책에 입각한 식민지 통치 정책의 영향력은 식민 국가가 독립한 이후에도 지속되었다. 이미 친프랑스화된 인사들이 독립된 국가의 지도층을 형성했고, 독립 이후에도 프랑스에 대한 향수와 동경을 지속했다. 이들은 독립된 국가의 정치, 경제, 사회, 교육제도 등이 이미 프랑스화되어 있어 프랑스의 영향력에서 벗어난다는 것은 사실상 불가능하다고 믿었다.

이러한 현상은 제국주의 국가의 식민 국가 경험을 한 대부분의 중동과 아프리카 국가에서 공통적으로 나타났다. 가나의 초대 대통령인 콰메 응크루마(Kwame Nkrumah, 1909-1972)는 "영국, 프랑스, 벨기에 등은 정치적 독립을 아프리카 국가들에 부여하고 난 이후에도 그들은 계속 그들의 전(前)식민지 국가들의 경제를 계속적으로 통제함으로서 효율적인 세력을 계속 유지해왔다. 실제로 신식민주의는 제국주의의 최종적이면서 가장 수탈적인 형태다. 이것은 아프리카인에게 있어서는 보상이 없는 착취를 의미하고 식민당국에 있어서는 책임이 뒤따르지 않는 착취를 의미한다"라고 지적했다.

'신식민주의(neo-colonialism)'로 명명된 이 현상은 아프리카의 저발전과 계속적인 자본주의 서방 세계로의 종속을 설명하는 용어와 의미로 사용되고 있다.

독립 이후에도 프랑스령의 국가들은 프랑스와 문화, 재정, 군사 부문의 조약을 체결하여 프랑스와 밀접한 관계를 유지하고 있고 이 조약에서 프랑스는 주도적인 위치를 확보함으로써 프랑스의 영향력을 지속적으로 행사하고 있다. 또한 교육과 언어 정책을 통해 사상적 · 문화적으로 프랑스화된 지도자 계층과 다수의 일반 세력을 확보하고 있기 때문에 프랑스어 사용 국가에서 프랑스의 영향력과 지배력은 여전히 막강하다 할 수 있다. 이는 프랑스의 식민지였던 레바논을 포함한 대부분의 아랍 국가에서 발견되는 현상이기도 하다.

레바논의 현대화=표준 아랍어의 포기?

제국주의 국가의 식민지 지배 정책에 있어 빠트릴 수 없는 것이 식민지 언어 정책이다. 근대 이후 대부분의 제국주의 국가들은 식민 지배국의 언어를 식민지에 전파시킴으로써 식민지 국민의 의식과 사고를 지배할 수 있다고 믿었다. 따라서 식민 지배 국가의 식민지 문화 정책의 핵심은 식민지의 언어 지배이며 이를 위해 집요한 언어 정책을 수행했고, 식민국가의 입장에서는 이를 방어하기 위한 자국어 보호 운동을 독립 운동 수준에서 전개했다.

제국주의 국가의 식민지 언어 정책은 '식민지 통치 방식'에 따른 분류와 '식민지 통치 이념'에 따른 분류로 구분할 수 있다.

식민지 통치방식에 따른 분류는 크게 직접 통치 방식과 간접 통치

방식으로 구분할 수 있다. 이중 직접 통치 방식은 모든 식민지를 정치적·문화적으로 식민 지배 국가에 동화시키는 것을 최종 목표로 하는 통치 방식이다. 교육을 통해 식민지의 국민을 동화 및 계몽시킬 수 있다고 판단하여 식민지에 본국과 동일한 교육제도를 실시하는 방식으로서 프랑스가 대표적인 국가라 할 수 있다.

간접통치 방식은 식민지의 전통적인 교육 기관과 방식을 유지시키고 식민 지배 국가는 단순히 지도만 하는 통치 방식이다. 이 방식에서는 가능한 많은 교육적 자치를 허용하고 식민지 국가의 언어도 어느 정도 인정하는 제도로서 영국이 대표적인 국가라 할 수 있다.

식민지 통치 이념에 따른 분류는 종속주의(subjugation), 동화주의(assimilation), 자치주의(autonomie)와 연합주의(association)로 구분할 수 있다.

종속주의는 식민지 국가를 식민 지배 국가의 이익에만 종속시키고 식민지 국가의 문화와 언어 등의 전통은 말살하는 정책이다. 식민 지배 국가의 언어를 '절대자의 언어'로서 인식시키고, 식민지 국가의 언어는 의사소통의 수단으로서만 활용될 뿐이다. 이 제도는 네덜란드가 인도네시아에서 행한 언어정책에서 그 사례를 발견할 수 있다.

동화주의는 근대 대부분의 식민 지배 국가들이 실행했던 방식이다. 식민지 국가의 혈통과 문화를 식민 지배 국가에 융합 또는 동화시키는 것을 목적으로 한다. 이 방식을 적용한 대표적인 국가는 프랑스다.

자치주의는 식민지 국가의 특수한 상황에 따라 언어와 문화를 용인하고 자치를 용인하는 주의다. 식민지 국가의 언어가 존중되고, 공식어로서 인정된다. 자치주의의 대표적인 국가는 영국이다.

연합주의는 근대 식민정책이 도달한 결론으로써 식민지 국가의 문화를 파악하여 그 특수성을 존중하고 발전시키는 것이 식민통치에 유리하다는 판단에 따른 정책이다. 연합주의에서는 식민 지배 국가의 언어를 피식민지 국민들에게 강요하지 않고 스스로 배우도록 유도하는 정책을 편다.

동화주의는 식민지 국민 전체를 동화시키려는 것을 목적으로 하지만, 연합주의는 식민지 국민들 중 소수의 엘리트 계층만을 식민 지배 국가의 국민으로 동화시켜 이들을 통해 식민지 통치를 한다는 점에서 구분된다.

프랑스의 경우는 식민 국가의 언어정책으로서 직접 통치 방식에 의한 동화주의 정책을 기본적으로 채택했다. 식민지 국가의 상황에 따라 동화주의와 자치주의 및 연합주의를 전략적으로 선택하여 적용하였지만 동화주의를 포기한 적은 없었다.

프랑스는 교육의 언어로서 항상 프랑스어를 주장했다. 이는 언어가 사고를 지배할 수 있다는 사피르(Sapir)와 울프(Whorf)의 가설에서 이론적 근거를 찾았다. 언어와 사고와의 관련성에 대해서 사고가 언어를 지배한다는 주장이 일반적이지만, 사피르와 울프는 언어가 사고를 지배한다는 '사피르-울프(Sapir-Whorf)가설'을 제기했다. 이들은 여러 언어들의 구체적인 언어 체계는 단순히 사상을 표현하기 위한 복사적인 도구만은 아니고, 오히려 그 자체가 사상을 형상화하여 개인의 정신 활동, 인상의 분석, 서로 교환되어 있는 정신적 축적물들의 총합을 위한 프로그램이며 지침이다라고 생각했다. 또한 이 이론을 더욱 발전시켜 훔볼트(W.V.Humbolt)는 언어는 인간의 사고와 선천적으로 굳게 맺어진 것으로서 인성의 신비로운 곳에 뿌리박고 거기서 자연적으로 반사되어 나타나는 것이라고 주장했다.

사피르 울프(Sapir Whorf)와 훔볼트(Humbolt)의 이러한 주장은 '언어사상일체관'으로 발전하여 20세기 초 제국주의 국가들이 식민지의 모국어를 말살하고 본국의 언어 이식을 강행하는 식민지 언어 정책의 이론적 · 사상적 배경이 되었다.

프랑스는 이러한 사피르 울프의 가설과 훔볼트의 언어사상일체관을 적극적으로 수용하여 식민지 언어 정책에 활용했다.

언어 교육에 있어서는 프랑스어만을 사용함으로서 프랑스적인 사고를 주입시키고 식민지 국민 스스로가 프랑스화되도록 유도했다. 동시에 식민지의 전통 문화를 해체하고 토착 언어를 습득하고 접근할 수 있는 기회 자체를 차단하였다. 이는 토착어를 통해 토착 문화가 발흥하고 민족주의 의식이 성장하는 것을 사전에 봉쇄하기 위한 정책이었다.

이러한 교육정책을 통해 배출된 토착 지식인 계층에게는 프랑스 시민권을 발부하여 이들을 통해 식민지의 프랑스화와 근대화를 촉진시키는 정책을 시행했다.

레바논에서 이 정책은 대단한 성공을 거두어 토착 지식인 계층이 자국의 프랑스화와 프랑스어의 공용어 정책에 앞장섰다. 이들은 아랍어 문자 대신 라틴어 문자를 사용하여 아랍어를 표기함으로서 아랍어의 난독성을 해소하고, 아랍 · 이슬람 사회의 근대화와 문명화를 이룰 수 있다고 주장했다.

프랑스의 레바논 식민지 문화 정책은 궁극적으로 아랍어 문자의 훼손과 아랍 · 이슬람 문화의 말살을 초래할 수 있었지만 이들은 그러한 사실을 깨닫지 못했고, 아랍어를 포기함으로서 레바논의 현대화를 이룰 수 있다고 믿었다. 물론 이러한 일련의 현상은 프랑스 식민지 문화 정책의 성공적 결과라 할 수 있다.

결국, 프랑스의 식민지 언어 정책은 초기에는 직접 통치에 의한 동화정책을 통해 프랑스어와 프랑스 문화를 식민지 국민들에게 전파시키고, 이 교육 과정을 이수하고 철저하게 친프랑스화된 소수의 인사들에게 식민지 통치와 행정에 관한 제한된 권한을 부여함으로써 이들을 통한 간접통치 방식으로 전환하는 것이었다. 통치방식에 있어서는 직접통치방식에서 간접통치방식으로, 통치 이념에 따른 방식에서는 동화주의→자치주의→연합주의를 적절하게 적용하며 식민지 국가 통치의 효율성을 극대화했다 할 수 있다.

프랑스의 이러한 식민지 언어 정책은 레바논에서만 시행된 것이 아니고, 아프리카와 동남아시아 등에 분포되어 있던 프랑스의 식민지 국가에서 공통적으로 나타난 현상이다.

프랑스어 역시 레바논의 공식 언어다

레바논은 다양한 인종, 종교, 이념, 언어 및 현대와 전통이 함께 대립과 공존을 거듭하고 있는 복합적인 성격의 모자이크 국가다. 레바논인들은 고대 페니키아의 영광을 기억하고 있고, 아랍·이슬람 국가의 일원으로서의 정통성과 함께, 기독교를 통한 서방 자본주의 세계에 대한 동경심도 함께 가지고 있다. 따라서 레바논을 전통적인 국가나 민족 분류법에 따라 구분하기는 대단히 애매하며 실제로 어떠한 기준을 적용해도 모든 구성원을 만족시킬 수 있는 국가 정체성의 규정은 매우 힘들다.

레바논의 복잡한 사회 구조와 아주 분명하게 구분되어 있는 내부의 문화 구조는 종교 및 언어의 문제와 맞물려 다양한 층위에서 정치적·사회적·언어적 문제를 제기했고, 프랑스 등을 포함한 제국주의 세력의 레바논 지배를 한층 용이하게 했다.

레바논과 서방 세계의 접촉은 17세기 초에 시작되었다. 오스만 터키가 레바논을 지배하고 있을 당시(1516~1918) 당시 레바논 총독이었던 알마니 2세(Fakhreddine Al-Maani II, 1590~1632년 통치)는 레바논에 서양 문물과 과학 기술을 도입했다. 어느 정도의 자치권을 갖고 있던 그는 서양의 기술자, 과학자와 작가를 레바논에 정착시켜 레바논을 서양식 국가로 전환하고자 했다.

알마니 2세(Al-Maani II)의 개혁을 통해 아랍·이슬람 세계 진출을 위한 교두보를 마련한 서양 세계는 레바논을 통해 서양 문물을 유입시켰고 이의 선봉을 맡은 것은 종교 단체의 선교사들이었다. 프랑스의 지원을 받은 마론파(Maronite), 프란시스파(Franciscans), 라자리스트회(Lazarists), 착한 도움 수녀회(Les Soeurs de Besabson) 등의 기독교 종파와 러시아의 지원을 받는 동방 기독교(Orthodox) 등 다양한 기독교 종교 단체들이 레바논에 상륙했다. 이들 기독교 종파들은 레바논에서 자신들의 교세를 확장하기 위한 다양한 활동을 펼쳤고, 이를 위한 가장 효과적인 수단은 교육기관의 설립이었다.

이들 종교 단체에서 건립한 학교에서는 아랍어와 자신들의 외국어를 이용해 교육을 했고, 제1차 세계대전이 끝날 때쯤 레바논에는 기독교계 학교(100개), 영국계 학교(22개), 프랑스계 학교(12개), 러시아계 학교(12개), 이슬람계 학교(2)와 공립학교(5개)가 설립되었다.

프랑스의 레바논 점령은 오스만 터키의 약화로 인한 동지중해 지배 세력의 개편을 의미하는 역사적 전환이지만, 레바논을 통해 아랍·이슬람 세계에 프랑스어 사용 국가의 영역을 확대하고, 프랑스 문화를 확산시키려는 프랑스 제국주의의 실천이었다.

프랑스의 레바논 지배는 제1차 세계대전 후인 1916년 체결된 사이콴-피코(Sykes-Picot)협정에서 시작되었다. 이 협정에 따라 프랑스 군대는 레바논에 군대를 주둔시킬 수 있게 되었고, 1920년 이탈리아의 산 레모(San Remo) 회담에서 프랑스의 시리아와 레바논에 대한 점령이 결정되면서 프랑스의 레바논에 대한 실효적 지배가 시작되었다.

프랑스 식민 지배 정부는 레바논에 종교적으로 마론파 기독교를 중심에 둔 서구 지향의 기독교 국가를 건설하고자 했다. 이를 위해 기독교와 이슬람을 포함한 각 지역별 다수 종파의 이해와 공존을 보장해 줄 종파별 안배주의(Confessionalism)를 채택하였다. 그 결과 레바논은 종교와 혈연, 지배 가문에 대한 충성을 강조하는 종파주의 현상이 팽배해졌고, 이는 프랑스의 식민 지배 기간은 물론 독립 이후에도 레바논을 정치적·종교적·사회적으로 분열시키는 가장 큰 요인으로 작용했다.

그 결과 프랑스의 식민지가 된 레바논은 아랍·이슬람 지역에 기독교 국가를 건설하려는 마론파 기독교 세력과 아랍과 이슬람 국가로서의 정체성을 유지하려는 이슬람 세력의 갈등과 대립의 장(場)이 되었다.

양자 간의 불화는 레바논 국가(State of Great Lebanon)의 건국 이후에도 해소되지 않았고, 결국 레바논은 마론파 기독교들이 지지하는 레바논주의(Lebanonism)과 무슬림들이 주장하는 아랍주의(Arabism)

의 양축이 대립하는 국가가 되었다. 이는 레바논의 정치체제와 권력 구조에 반영되어 대통령은 마론파 기독교, 총리는 순니 무슬림, 국회 의장은 쉬아 무슬림이 차지하는 국가 형태를 탄생시켰다.[1]

마론파 기독교는 프랑스어가 그들의 모어는 아니지만 레바논에 기독교 국가 건설이라는 그들의 꿈을 실현하기 위해서 프랑스 정부의 지원이 필요했다. 따라서 이들은 전략적 필요에 의해 레바논에서 프랑스어 사용을 적극 지지하고 협력했다.

레바논에서의 프랑스어 교육은 프랑스 선교사들이 프랑스의 레바논 점령 이전부터 레바논 전역에 학교를 세움으로서 시작되었다. 예수회(Jesuit)와 프로테스탄트 선교사들이 서양 문물 및 기독교 전파를 위해 베이루트에 Syrian Protestant College(1866, 나중에 American University of Beirut로 전환)와 Saint Joseph University(1875)를 세웠고 이 두 기관은 현재에도 레바논의 주요 교육 기관으로서의 역할을 하고 있다. 이 두 학교에서는 프랑스어와 영어를 이용하여 교육을 했고, 프랑스 통치기에는 프랑스어 교육이 더욱 강화되어 마론파 기독교의 지지하에 국가 공권력에 의한 프랑스어 보급 정책이 강력하게 추진되었다(Ingo Thonhauser, 2000, 50). 프랑스식 교육제도가 도입되었고, 프랑스어는 초등교육에서 고등교육까지 모든 교육 과정의 교육용 언어로 사용되었다.

프랑스 정부는 식민지 언어 교육의 목표는 프랑스어 지식을 확장시키는 것이며, 초등 교육의 필수 목표는 식민지 국민들이 프랑스어

---

1) 레바논의 분열된 국가 구조는 1991년에 다양한 공동체간의 대립으로 인한 국가의 분열을 일컫는 단어로서 '레바논화(Lebanonisation)'란 단어를 사용하기에 이르렀다.

와 친숙해지는 것이다(League of Nations. 1929a, 35)라고 공개적으로 밝혔다. 식민지의 아이들이 프랑스어를 습득하는 데 가장 큰 영향을 주는 것은 아이들의 어머니라는 점을 중시하여 학부모를 대상으로 한 프랑스어 교육에도 많은 노력을 기울였다.

초등 교육에서도 프랑스어가 더욱 많이 사용되었고 초, 중, 고등학교의 국가 자격시험에 프랑스어를 포함시켰다. 프랑스어는 레바논의 교육받은 지식인 상류 계층의 언어로 자리매김한 동시에, 레바논에서 사회보장제도의 혜택을 받기 위해서도 필요한 언어가 되었다.

1924년에 프랑스 정부는 프랑스의 교육 체계를 모델로 한 레바논 교육 체계를 만들었고, 프랑스어의 지위는 헌법에서 보장받도록 했다. 1923년 제정되어 1926년 5월 23일 공포한 레바논 헌법은 아랍어와 프랑스어를 레바논의 공식어로 지정하고 있다.

1926년 레바논 헌법 11조에서는 '아랍어는 레바논의 모든 정부 부서의 공식 국가 언어다. 프랑스어 역시 공식 언어다: 프랑스어의 경우는 특별법(special law)에 의해 사용이 결정될 수 있다'고 규정하고 있다. 이 조항에 따라서 프랑스어는 레바논에서 공공 부문과 사적인 부문 양자에서 모두 공용어의 위치를 차지했고, 특별법 규정을 통해 수학, 물리학, 화학 등의 일부 교육 분야에서 유일한 공식 교육어의 지위를 보장받게 되었다.

이 헌법 조항은 이후 일부 수정되었지만 현재 레바논 헌법 11조에서도 '아랍어는 국가의 공식어다. 법률은 프랑스어가 사용되는 곳을 지정할 수 있다'라고 규정함으로써 프랑스어가 레바논에서 여전히 막강한 영향력을 발휘하는 언어임을 입증하고 있다.

프랑스가 레바논을 통치하는 기간 동안 시행한 프랑스 문화정책

의 주요 방침을 통해서도 프랑스어 확산을 위한 프랑스 문화정책의
의도를 파악할 수 있다. 레바논에서 실행한 프랑스 문화정책의 주요
방향은 다음과 같다.

첫째, 프랑스어는 최고급 수준의 서양문명을 담고 있다.

둘째, 아랍 문명의 부흥은 서양 문명에 대한 개방 여부에 달려
있다. 레바논의 역할은 서양문명의 사상과 기술을 아랍 세계에 전
달하는 것이다.

셋째, 지리적·전통적으로 레바논은 서양과 아랍 세계의 통로
다. 레바논은 기독교와 이슬람교의 대화의 장이 되어야 한다.

넷째, 아랍어-프랑스어의 이중언어는 상기 역할을 수행하기 위
한 필연적인 부분이다.

다섯째, 레바논은 역사적으로 항상 다중언어 국가였다. 프랑스
어는 레바논에서 마론파의 언어를 시리아에서 프랑스어로 대체한
것 뿐이다.

여섯째, 인류학적으로 레바논의 이중언어는 실존적인 사실이다.

일곱째, 프랑스어는 레바논의 이중언어의 근본적인 부분이다.

여덟 번째, 레바논이 프랑스어를 갖고 있다는 것은 문화적인 측
면에서 레바논을 문화 국가의 반열에 올리는 것이다. 레바논에서
프랑스어가 그 지위를 상실한다면 레바논뿐만 아니라 인근 아랍
국가에도 교육적·문화적 퇴조를 가져올 것이다.

상기에서 파악할 수 있는 것처럼, 프랑스 문화와 언어의 우월성을
확신하고 있던 프랑스 정부는 동화주의 정책을 식민지 문화정책에

보다 분명하게 반영했다. 레바논의 복잡한 역사적 배경과 발달 과정을 이용하여 레바논인들의 언어 변종에 자연스럽게 프랑스어를 포함시킴과 동시에 레바논의 발전을 위한 필요충분조건으로서 프랑스어를 수용하게 만들었다.

또한 레바논 공립 학교의 교과 과정중 역사와 지리 분야는 프랑스와 유럽 역사 중심으로 개편하였고 레바논과 유럽의 역사적 관련성을 강조하며 레바논을 프랑스 문화권에 포함시키려는 그들의 의도를 숨기지 않았다. 레바논에서 사용한 역사 교과서에서는 프랑스 민족의 조상인 골(Gol)족을 레바논 민족의 조상으로 표현하여 '우리의 조상인 골 민족의…' 등으로 시작하는 등 레바논 민족의 동화작업에도 많은 노력을 기울였다. 그 결과 프랑스의 레바논 점령기간 동안에 프랑스어 교육이 일반화되었고 레바논인 부모가 자식들에게 프랑스식 이름을 지어주기에 이르렀다.

식민 통치 기간 동안 레바논의 정치적·사회적 환경은 프랑스어가 빠른 속도로 확산될 수 있는 환경과 토양을 제공했다 할 수 있다.

1943년 레바논은 프랑스로부터 독립한 이후 교육 분야에서 프랑스의 영향력에서 벗어나기 위한 노력을 했다. 레바논의 국가 정체성 확립과 아랍어 사용을 확대하기 위한 각종 법령과 선언들이 발표되었다.

1946년 레바논 정부는 헌법 제11조를 개정하여 아랍어를 유일한 레바논의 공식어로 결정했다. 모든 정부 문서와 출판물은 아랍어로 표기되고, 외무와 관련된 특별한 경우에만 외래어로 번역하여 사용하도록 했다.

1946년 발표된 법령 6968에서는 초등학교의 모든 교과목은 아랍어로 강의하도록 했고, 법령 7004에서는 중, 고등학교의 졸업시험 중 수학과 과학은 아랍어와 외래어(영어와 프랑스어) 중 선택할 수 있도록 했다.

아랍어의 지위를 강화하기 위한 상기와 같은 일련의 조처들이 취해졌지만, 이미 현실 사회에서 굳건한 위치를 차지한 프랑스어의 영향력은 줄지 않았고 프랑스어에 대한 레바논인들의 인식도 크게 바뀌지 않았다. 현재 레바논 학생의 약 72%가 프랑스어를 학습하고 있으며. 프랑스어는 상업적인 목적과 교육용 외국어로서 굳건한 위치를 확보하고 있다.

전 프랑스대통령인 시라크(Jacques Chirac)가 1998년 레바논을 방문했을 때 기자 회견에서 영어로 질문을 받자 "우리는 지금 프랑스어 사용 국가(Francophone country)에 있습니다. 나는 프랑스어로만 질문을 받고 대답하겠습니다"(The Dairy Star, 1998년 6월 1일 자)라는 대답으로도 레바논에 대한 프랑스의 자신감과 프랑스어 영향력에 대한 인식의 단면을 확인할 수 있다.

레바논 공공교육 발전의 최대 장애물은 파벌주의

독립한 레바논에서 교육 체계와 언어 교육 정책에 관한 문제는 단순한 언어적 이슈가 아닌 정치·경제·역사·사회·종교적 문제와 깊숙이 연관되어 있다. 레바논의 국가 정체성과 현대와 전통 및 아랍어와 외래어의 역할 등 레바논 사회의 근본적인 갈등들이 이 문제에 내포되어 있다. 따라서 이 문제를 둘러싼 레바논의 여러 정치 및 종교 계파들 간 치열한 논쟁이 있었고 이 논쟁은 여전히 진행형이다 레바논의 교육 기관은 사설 교육 기관과 공공 교육 기관, 서양식 교육 기관과 이슬람식 교육 기관이 공존하고 있다. 프랑스의 레바논 통치 기간 동안에 프랑스의 교육 제도와 체계는 레바논에 대부분 수입되어 정착되었고, 레바논의 대부분의 학교는 프랑스의 학사시험제도(baccalaureate)나 미국의 고등 교육 체계를 따르고 있다.

레바논의 교육 체계는 6년간의 초등학교 의무 교육과 6년간의 중등교육과정(중학교+고등학교) 및 4년간의 고등교육(대학교) 과정으로 구분된다. 레바논 전역에 40여 개의 대학이 있지만, 학부 중심의 대학으로서 석박사 과정의 대학원 교육 과정은 매우 취약하다.

대부분의 사설 교육기관은 종교 집단이 직접 설립하여 운영하거나 후원함으로 인하여 각각의 종교가 요구하는 인재를 양성하고 있고, 정부의 통제는 받지만 나름의 교육 프로그램을 운영하고 있다. 이 개별 교과 과정은 정식 교과 과정보다 더욱 다양한 프로그램을 포함하고 있다. 또한 학교의 성격과 특징에 따라 교육내용과 교육에 사용하는 언어도 다르고, 자신의 종파와 파벌에 유리한 역사를 교육하고 있다.

레바논의 공공 교육 체계는 사설 교육 기관에 비해 매우 취약하다. 공공 교육 기관은 일반 국민들을 교육시킬 수 있는 충분한 준비와 경쟁력을 갖추지 못했고 정부에 거의 전적으로 의존하고 있다. 이들 기관은 정부 보조금은 충분히 받지 못하면서 정부의 간섭과 통제 하에 있다.

레바논 공공 교육 기관의 허약한 구조는 프랑스의 교육 체계와 제도를 레바논에 적용시킨 식민 지배 성부의 책임이 크다. 프랑스의 교육 제도는 기본적으로 엘리트 중심 교육으로서, 소수의 뛰어난 재능을 갖춘 이들을 선발하여 이들에게 최고 수준의 교육을 하여 그들의 능력을 개발시키는 것이다. 반면에 대중 교육은 등한시하였다.

이는 레바논의 식민지 교육 정책에도 그대로 적용되어 소수의 선택된 자들에게만 교육의 기회가 주어졌고 대부분의 일반 국민들에게는 교육의 기회와 혜택이 충분히 주어지지 못했다. 동화주의에 입각한 간접 통치 방식의 결과다. 기술학교 교육은 농업과 수의학 분야의 인력 양성을 위해 시작되었고 의학 분야에서 일부분의 인력을 교육시켰지만, 그 범위와 수는 아주 제한되었다. 대부분의 교육은 관료 양성을 위해 계획되었고, 대중 교육의 확산은 아주 느리게 진행되었다. 초등·중등과 고등 교육 과정은 일찍부터 개설되었지만 초등학교 중심의 대중 교육제도가 결여된 형식적인 제도였다.

종파와 파벌의 영향력하에 있는 사립 교육 기관과 허약한 공공 교육 기관의 구조는 레바논 정부가 정상적인 교육 정책을 실행하는데 커다란 장애가 되고 있다.

하즈(Hajj)는 『The Dairy Star』(2000. 3. 31.) 기고문에서 레바논 공립 학교 교사들이 제시한 레바논 교육의 문제점을 아래와 같이 요약했다.

-파벌주의는 레바논 공공교육 발전의 최대 장애물이다.
-파벌주의 정치가 레바논 전역의 학교에 팽배해 있기 때문에 레바논의
 단합을 위한 국민 의식은 실종되었다.
-정부는 종교와 관련된 문제의 해결 능력이 없다.
-학생들의 어려움은 공공 교육부문의 정치적 간섭에 기인한다.

이처럼 레바논의 종교적 분파와 파벌은 레바논 교육제도에 직접적인 영향을 끼치고 있다. 레바논에는 종파와 무관한 공공 교육 기관(1,354개)보다 종교 기관에 의해 설립되어 운영되고 있는 사립 교육기관(1,927개)이 더 많다.[2] 자식을 위한 부모들의 학교 선택 기준은 부모들이 자식들에게 기대하는 가치와 전통에 따라 결정된다. 따라서 기독교 가정의 아이들은 자연스럽게 기독교계 학교로 진학하여 서양 문명과 프랑스어를 학습하게 되고, 이슬람 가정의 아이는 이슬람 학교로 진학하여 아랍·이슬람 문명의 역사와 아랍어를 배우게 된다.

기독교와 이슬람의 역사 해석에 대한 인식은 뚜렷이 구분되고, 경우에 따라서는 서로 상충되는 경우가 빈번하다. 따라서 정상적인 교육을 위해서는 서로 대립되는 부분에 대한 면밀한 검토와 조정을 통해 통일된 해석과 이를 담은 교재가 개발되어야 한다. 그러나 레바논에서는 이를 조정해야 할 정부 기관의 기능이 매우 미약하고 실제로 통제할 능력이 있어 보이지도 않는다.

그 결과 레바논에서는 학교에 따라 교육 내용과 프로그램도 다르다. 역사 교육에 있어서 개별 학교는 종교적 이념에 의해 따라 원하는 시대와 인물을 중심으로 역사 교육을 실시하고 심지어 애국가와 국기도 달리 사용한다. 즉, 순니 이슬람, 쉬아 이슬람, 드루즈 및 마론파 기독교계 학교에서 가르치는 레바논의 역사는 서로 다르거나 상충된 부분을 포함하고 있어 전체 레바논을 아우를 수 있는 공통된 역사관을 갖는다는 것은 구조적으로 불가능했다.

학교별 교과 과정과 교육 내용의 차이는 학습자에게 레바논 국가

---

2) 주 레바논 한국 대사관 통계(2011. 3. 19)

정체성에 대한 심각한 인식 차이를 가져오게 했고 이는 레바논 국력 분열의 주요한 요인으로 작용했다.

기독교 세력과 이슬람 세력 간의 오랜 내전(1975~1989)을 겪고 난 이후, 레바논의 국가 정체성을 확립하기 위해서 1997년에 레바논 교육부는 수정된 레바논 헌법에 따라 개정된 교과과정을 제정해서 공포했다.

그러나 개정된 교과과정은 서양식 교과 과정의 복사판으로서 무슬림의 전통과 관습을 인정하지 않는다는 이유로 이슬람 세력의 강한 저항에 부딪쳐 실행에 큰 어려움을 겪었다. 또한 이 교과 과정에서는 레바논에서 아랍어와 외래어 간의 이중(또는 다중)언어 교육을 공식화했다.

아랍어는 레바논의 공식어이자 모어로서의 위상을 분명히 한 반면, 레바논의 글로벌화(globalization)를 위하여 프랑스어와 영어 등의 외국어 교육의 중요성을 강조했다. 이는 교육과 일상 생활의 의사소통을 위하여 프랑스어와 영어 등의 외국어의 입지를 확인시켜준 것이다. 개정된 교과과정에서 아랍어와 외국어의 강의 시수는 다음과 같다.

레바논 언어교육 교과과정(1997)

과정	과목	아랍어	제1외국어	제2외국어	통번역
초등1단계(1-3년)		7	7	-	-
초등2단계(4-6년)		6	6	-	-
중등1단계		5	5	2	-
중등2단계	인문학	5	5	2	2
	과학	3	3	2	2

중등3단계	인문학	5	5	2	2
	사회학	3	3	2	2
	자연과학	2	2	2	-
	생명과학	2	2	2	-

상기 표에서 볼 수 있는 것처럼, 레바논에서 실용적인 목적의 프랑스어(또는 영어) 교육은 점차 증가하고 있는 추세로서 이는 앞으로도 계속되리라 생각된다. 특히, 중등1단계(우리의중학교 과정)부터는 기존의 학습하고 있는 외국어 외에 또 다른 외국어를 학습하게 함으로써 외국어 교육을 강화하고 있다.

기존의 프랑스어가 수행하고 있던 교육과 과학 및 통상 교류의 언어를 영어가 점차 대체하고 있어 2언어 간의 경쟁이 예상되지만, 비교적 최근까지 레바논 내의 사립학교에서 프랑스어를 교육하는 학교(73.5%)가 영어를 교육하는 학교(22.5%)보다 압도적으로 많다는 것은 레바논에서의 프랑스의 영향력을 잘 입증해주고 있다 하겠다.

아랍인 vs 레바논인

레바논에서 프랑스어에 대한 긍정적 인식을 확산시킨 주요 요인은 프랑스의 식민지 언어 정책과 이에 호응한 마론파 기독교의 활동 및 프랑스식 교육을 받아 동화된 친프랑스 성향의 레바논인들이었음은 이미 전술했다.

이들의 레바논 내 프랑스어 확산과 인식 개선을 위한 노력은 레바논 언어 문화의 역사적인 측면과 프랑스어의 실용적인 측면을 강조하는 동시에, 표준 아랍어에 대한 공격과 탄압이라는 양방향에서 진행되었다.

레바논의 언어 문화에 대한 역사적인 측면은 페니키아시대부터 다중 언어의 전통을 지닌 레바논의 언어 상황을 부각시켰다. 역사적으로 레바논에서는 페니키아어, 아람어, 시리아어, 아랍어, 터키어, 그리스어 등이 다양하게 사용되어왔기 때문에 프랑스어의 확산과 사용은 또 다른 새로운 언어의 추가일 뿐 문화적 침투 또는 레바논 국가 정체성의 훼손이 아님을 적극적으로 홍보했다.

프랑스어의 지지자는 레바논의 국가 정체성을 비이슬람 지중해 문화권의 일부로서 확립해야 한다고 주장했다. 이들은 레바논의 국가 정체성을 아랍과 이슬람이 아닌 페니키아로 규정하였으며, 레바논은 순수 아랍도 순수 서구도 아니며 양자 모두에 그 뿌리를 두고 있기 때문에 레바논의 국가 정체성은 이러한 양면성을 모두 고려해야 한다고 주장했다. 또한 레바논의 기독교도들은 외부 세계의 평가와는 무관하게 본인을 아랍인이 아닌 '레바논인'으로 규정했다.

이러한 분열된 역사관의 형성에는 레바논을 아랍·이슬람 세계에서 분리시키려는 프랑스를 포함한 서양 제국주의자들의 야욕과 레바논을 기독교 국가로 만들려는 마론파 기독교도의 노력이 크게 작용했다. 이들은 레바논을 프랑스와 밀접한 역사적 관계를 맺고 있는 아랍 세계의 유럽 국가로 규정하려 했다.

실용적인 측면에서 프랑스어 사용의 주창자들은 프랑스어를 통해서 레바논의 문명화를 실현시킬 수 있고, 발전된 서양 문명의 이전이 가능하다고 주장했다. 레바논에서 프랑스어의 착근과 확산은 자연스러운 현상이며, 프랑스어를 통해 풍요로운 서양의 물질 문명과 고도의 문학적 · 예술적 성취를 이룰 수 있다는 인식을 확산시켜나갔다. 거의 대부분의 정부 문서와 출판물은 물론 비공공부문의 대부분의 출판물도 아랍어와 함께 프랑스어로 출판되었고, 프랑스어는 지식인과 상류 계층의 표식으로 인식되었다.

반면에 표준 아랍어에 대한 공격은 집요했고 치밀했다. 프랑스어 지지자들은 레바논에서 아랍민족주의와 아랍 연대 의식을 유발시킬 수 있는 표준 아랍어를 사용하는 것은 그들이 추구하는 레바논의 정체성에 대한 위협으로 간주하여 철저하게 배격했다. 이들은 표준 아랍어와 레바논인들을 분리시키기 위해, 아랍어 문법 교재의 내용을 일반적이고 보편적인 규칙보다 예외적인 규칙을 강조함으로써 표준 아랍어가 그들의 모어임에도 불구하고 대단히 어렵고 비논리적인 언어라는 인식을 갖도록 했다.

이 정책은 다른 지역에서도 시행되어 북아프리카의 프랑스 식민지였던 카메룬에서는 식민지 국민의 모국어 교육은 1일 1시간으로 제한했고, 프랑스어가 아닌 다른 언어로 된 책의 수입을 제한하기 위하여 높은 관세를 책정하여 접근 자체를 최대한 방해했다.

프랑스어 지지자들은 표준 아랍어 억제책과 함께 레바논 방언의 사용과 확산을 적극적으로 지지했다. 레바논 방언은 비록 아랍어이긴 하지만 아랍 민족주의와 대조되는 레바논 민족주의를 주장하기 위한 적절한 기제로서 활용되었다. 즉, 표준 아랍어에서 프랑스어로의 직접적인 전이는 보수적인 레바논인들과 무슬림들의 거센 저항이 예상되었기 때문에 이의 완충제로서 레바논 방언은 효과적인 장치였다. 레바논 방언(특히, 베이루트 방언)에는 낳은 수의 프랑스 어휘가 차용되었고, 레바논인의 정체성은 교육과 지적인 대화 및 일상 활동에서 프랑스어와 함께 레바논 방언을 통해 구체화될 수 있다고 주장했다. 이들은 레바논 방언은 아랍어 문자가 아닌 로마자 표기되어야 하며, 표준 아랍어의 강요는 레바논 정체성에 대한 위협으로 간주했다.

레바논 방언은 TV와 라디오 방송국의 프로그램을 통해서도 확산되고 강조되었다. 레바논은 중앙 정부의 통제력이 약화된 1975년 이후 TV 방송국과 민영 라디오가 출현했다. 'Lebanese Broadcasting Corporation'(LBC, 1985년 설립)으로 대표되는 이들 방송국은 뉴스는 표준어로, 드라마는 레바논, 시리아, 이집트 방언을 사용했고, 대담 프로는 표준 아랍어나 교양레바논방언(Educated Lebanon Dialect)을 사용했다.

설립 후 상업 방송으로 전환하여 레바논 방송 시장의 65%를 차지하고 있는 LBC는 레바논 상류층의 취향에 맞는 서구 취향의 방송과 보수적인 담론에서 성적(性的) 담론에 이르기까지 아랍·이슬람 사회에서 금기시하는 주제들을 대담 프로에서 다루고 있고, 방송 언어로서 영어와 프랑스어 및 레바논 방언을 확대하는 정책을 취하고 있다.

레바논 내 프랑스어 확산을 위한 이러한 노력은 현재까지 대체로 성공적인 것으로 판단된다. 다른 아랍·이슬람 국가와는 달리 기독교도들이 전체 국민의 약 절반을 차지하고 있고, 종교 간, 정치 세력 간 복잡한 이해 관계에 의해 통일된 국가 정체성을 확립하지 못하고 있는 상황에서 프랑스어의 확산은 레바논의 복잡한 역사적 배경 및 외래 문화에 개방적인 레바논인의 기질과 맞물려 비교적 손쉽게 이루어졌다.

다문화와 다언어에 익숙해 있는 레바논인들에게 프랑스어는 또 다른 언어 변종의 추가일 뿐이며, 빈곤한 국가 현실에서 풍요로운 물

질문명을 상징하는 프랑스어에 대한 인식은 긍정적일 수밖에 없기 때문이다.

레바논의 문화 패권어는 프랑스어?

레바논에 프랑스어의 정착은 식민 지배라는 물리적 환경과 자유와 평등의 프랑스 혁명의 정신 아래 선진 프랑스 문화 및 언어를 식민지 국민에게 보급함으로써 식민지 국민을 계도 및 선도할 수 있다고 믿은 프랑스 동화주의 정책의 산물이다.

프랑스 식민 지배 정부는 프랑스어는 식민 국가의 원주민들이 직업을 갖고 사회 활동을 하기 위해서 필수적인 언어이며, 문화적으로 고도로 발달한 문명어임을 인식시켰다. 또한 프랑스와 식민 국가를 연결시켜주는 가장 중요한 매개체로서 프랑스어를 수용하도록 했고, 프랑스어를 습득하고 프랑스식 교육을 받은 사람에게는 제한적이지만 식민지 국가에서 특권과 혜택을 부여했다.

이러한 프랑스 정부의 문화 정책에 종교적인 이유로 합류한 마론파 기독교도와 레바논의 친프랑스화된 소수 지식인 계층이 프랑스 문화와 프랑스어 보급의 선봉부대 역할을 자임해서 수행했다.

다문화 사회에서 특정한 상류 계층이 주로 사용하는 언어 변종이 해당 언어 공동체의 교통어(lingua franca)로 사용되고, 다른 계층의 언어는 하부 언어로 종속되는 사례를 자주 발견할 수 있다. 다언어사용국가로서 식민 지배 경험을 갖고 있는 국가에서 주로 나타나는 이 현상은 '문화적 패권(cultural hegemony)'으로 불리기도 한다.

레바논에서 문화적 패권어라는 위치를 차지한 프랑스어는 식민

지배국의 언어라는 우월한 위치와 선진화된 유럽 문명의 언어, 상류 지식인 계층의 언어라는 인식이 확산되어 짧은 시간에 빠른 속도로 확산될 수 있었다.

이는 레바논에서 1,300년 동안 지속되어온 아랍·이슬람 국가의 정체성과 아랍어에 대한 심각한 도전이자 억압이었다. 따라서 레바논에서 프랑스어의 수용은 외견상 이질적인 언어 간 접촉으로 인한 언어 갈등으로 파악될 수 있지만, 이는 언어적인 문제라기보다는 정치적·종교적·사회적·문화적 패권을 둘러싼 갈등의 표출이라는 점에서 복잡한 양상을 띠고 있다.

1920년 프랑스의 레바논 점령→식민 통치→독립→내전을 거치는 동안 계속된 혼돈과 갈등의 결과 현재의 레바논은 아랍도 아닌 유럽도 아닌 혼란한 상태에 처하게 되었고, 이런 상황은 프랑스어를 포함한 외국어 확산을 위한 최적의 환경을 마련해주었다.

즉, 레바논에서 프랑스어의 확산은 다분히 제국주의적인 정치적 함의를 내포하고 있지만, 레바논 국가 자체가 갖고 있는 다문화적인 성격과 기독교와 이슬람의 갈등과 대립 및 복잡한 역사적 배경으로 인해 프랑스어가 확산될 수 있는 토양을 제공하고 있다 하겠다.

그 결과 레바논인들은 레바논에서 아랍어외에 의사 소통을 위해 외국어가 필요하다고 생각하는 사람이 전 국민의 거의 대부분(89.4%)을 차지하게 되었으며, 가장 유용한 외국어로는 영어(61.5%)와 프랑스어(26.4%)를 지목하였다.

영어의 강세는 20세기 이후 사실상의 전 세계 공용어의 위치를 차지하고 있는 영어의 영향력이 레바논에도 파급된 것으로 보이고, 특히 상업과 무역의 언어로서 영어가 절대적으로 필요하기 때문이다.

이는 프랑스어 등의 외국어에 이미 익숙해 있는 레바논인들에게 영어는 또 다른 외국어의 하나일 뿐 그 효용성이 입증된 이상 레바논인들이 거부감을 가질 이유가 전혀 없기 때문이다. 식민지 시대에 프랑스어가 아랍어를 배척하기 위해 개발한 논리에 프랑스어가 오히려 공격을 당하고 있는 형국이다.

향후 레바논의 언어 정체성은 레바논의 국가 정체성과 연동되어 결정되리라 생각된다. 기독교와 무슬림의 갈등과 대립으로 인한 프랑스어와 아랍어의 공존, 실용적인 목적과 글로벌화의 영향으로 인한 영어의 가세 등으로 인해 레바논의 언어 양상은 더욱 복잡해지고, 프랑스어를 비롯한 외국어의 확산은 더욱 가속되리라 판단된다.

베이루트의 American University

참고문헌

김진수. 2003. "프랑스의 식민지 언어정책-베트남을 중심으로". 『프랑스문화예술
연구』 제8집.

박원탁. 1989. "서구 열강들의 아프리카 식민 정책과 그 영향". 한국외국어대학교
아프리카문제연구소. 『한국외국어대학교 아프리카문제연구소 연구총서』.

최현도. 이원국(역). 1986. 『사회언어학』. R. A. Hudson. Sociolinguistics. 서울: 한
신문화사.

Al Batal. Mahmoud Al Batal. 2002. "Identity and Language Tension in Lebanon:
The Arabic of Local News at LBC'I. Aleya Rouchdy(ed.). *Language Contact and
Language Conflict in Arabic Variations on a Sociolinguistic Theme*. Londod:
Routledge Curzon

ʕaql. Saʕīd. 1962. *Yaaraa*. Bayruut: Maktabat AnTwaan.

Bashshur. M(a). 1978. *The Structure of the Lebanese Educational System*. Beirut:
CERD

Bashshur. M(b). 1997. "Higher Education in Lebanon from a Historical Perspective".
A. Al-Amine(eds.). *Higher Education in Lebanon*. Beirut: Lebanese Association
for Educational Science.

Dogher. C.H.. 2000. *Bring down the Wall: Lebanon's Post War Challenge*. New York:
Palgrave.

Frayha. Anis. 1952. *Al-Ḥurūf al-Ḥijāʔ al-ʕarabiyyat*. Al-ʔabhāth V.

Kiwanuka Semakula. 1973. *From Colonialism to Independence*. Kenya Literature
Bureau.

Hajj. J.D.. 2000. Sectarian Influence's is harming Schools. *The Dairy Star*. Lebanon;
2000.3.31.

Harria. W..2006. *The New Face of Lebanon: History's Revenge*. Princeton NJ: Markus Wiener Publishers.

Hohh. M.A. & Vaughan. G.M.. 2002. *Introduction to Social Psychology*. Frenchs Forest. Australia: Pearson Education Australia.

League of Nations. 1927. Permanent Mandate Commission. Minutes of the Eleventh Session. Geneva. 1927.6.20.-7.6.

League of Nations. 1929. Permanent Mandate Commission. Minutes of the Fifteenth Session. Geneva. 1929.7.1.-7.19.

Nkrumah Kwame. 1963. *Africa a must unite*. International Publisher. New York.

Sayigh, Rosemary. 1965. "The Bilingualism Controversy in Lebanon". *The World Today*. 21.

Salibi. K. 1988. *A House of Many Mansions: The History of Lebanon Reconsidered*. Los Angeles Ca: University of California Press.

Shaaban Kassim & Ghazi Ghalith. 1999. "Lebanon's Language-in-Education Policies: From Bilingualism to Trilingualism". *Language Problem & Language Planning*. Vol 23. No.1.

Thonhauser. Ingo. 2000. "Multilingual Education in Lebanon: `Arabinglizi´ and other challenge of Multilingualism". *Mediterranean Journal of Education Studies*. Vol 6(1).

Wolf. Hans Georg. 2008. "British and French language educational polices in the Mandate and Trusteeship Territories". *Language Science* Vol. 30.

http://www.necrosant.net/zbxe/13951
http://notesfromamedinah.wordpress.com/2010/03/07/the-death-of-arabic-in-lebanon/
http://www.bbc.co.uk/news/10316914
http://www.ethnologue.com/show_country.asp?name=LB

http://www.scribd.com/doc/27022561/Lebanese-Historical-Memory-and-the-Perception-of-National-Identity-Through-School-Textbooks

http://www.experts123.com/q/what-is-the-status-of-the-french-language-in-lebanon.html

글을 마치며

    지중해는 다양한 문명과 문화, 국가와 민족, 종교와 윤리가 공존하는 모자이크 형식의 복합문명 공간이다. 오리엔트 문명 이후로 현대까지 지중해 문명이 발전해오면서, 기존의 문명을 새로운 문명이 대체하고, 그 새로운 문명이 다시 후발 문명에게 대체되면서 지중해 문명의 지층을 형성해왔다.

    지중해의 기존 문명은 후발 문명에게 지중해 문명의 주도권을 넘겨주면서, 자신이 성취한 문화적 성취와 업적을 후발 문명에게 고스란히 넘겨주었고, 이를 인수한 후발 문명 역시 같은 과정을 반복했다.

    이런 측면에서 "지중해는 하나의 문명이 아닌 어떤 문명들 위에 다른 문명들이 중첩된 모습을 지닌 문명들이 있는 곳이다"라고 갈파한 프랑스 역사학자 페르낭 브로델(Fernand Braudel, 1902~1985)의 지중해 문명에 대한 정의는 매우 적절하다 하겠다.

    언어는 문화의 핵심이다. 때문에 문명의 교류는 곧 언어의 교류를 의미하고, 지배력의 확산은 곧 언어의 확산을 의미한다.

    지중해에서 번영했던 수많은 제국과 국가들은 자신의 영향력을 확장하기 위해서 자신의 언어를 확산시키려 했고, 언어의 이식을 통해 정신적 지배를 공고히 할 수 있다고 믿었다.

    언어 간 교류를 일으키는 요인은 다양하지만, 정치적·군사적 지배에 의한 강압적인 언어 확산과 이식도 중요한 요인 중의 한 가지이다. 이 방식은 언어의 교류와 확산이 강제적으로 일어난다는 측면이 있지만, 짧은 시간에 빠른 속도로 언어의 교류와 확산이 진행된다는 특징이 있다. 또한 정치적 지배가 장기화될 경우, 지배 국가의 언어가 피지배 국가에 영구히 고착되어 기층언어를 대체하는 효과도 나타나며, 독립 이후에도 그 영향력은 계속될 가능성이 크다.

인류의 역사를 통해 볼 수 있는 수많은 전쟁과 정복, 지배와 피지배의 과정에서 지배자는 지배를 영구히 하기 위한 수단으로 피지배자들을 정신적·문화적으로 지배하려 했고 그 구체적인 수단으로 언어를 지배하려 한 것은 언어가 갖는 민족적·문화적·사상적 중요성과 가치를 알고 있었기 때문이다.

이런 현상은 근대 이후 서구 제국주의 세력들의 북아프리카와 아랍 국가의 식민지배 과정에서 잘 드러나고 있다. 5~15세기에 걸친 1,000년 이상 동안 중세 지중해 문명의 선도자로서 인류 문명의 발달에 지대한 공헌을 한 아랍·이슬람 제국은 13세기 압바시야 제국(AD 750~1258)이 몽골에 의해 멸망한 이후 사실상 쇠퇴기에 접어들었다. 중세 이후 외부 세계의 급속한 변화와 발전을 감지하지 못하고 과거에 집착하며 안주한 결과는 18세기 이후 제국주의 국가의 식민지 지배를 받는 결과로 나타났다. 이 과정에서 아랍·이슬람 문명의 주역으로서의 자부심은 대부분 상실되었고 그 정체성 역시 훼손되었다.

　제국주의 국가의 식민지 통치는 철저했다. 경제적 수탈은 물론이며 문화적 자긍심도 상실시켰고 이는 독립 이후에도 계속되도록 만들었다. 식민지 국민들에게 교육 기회를 제공하지 않아 대부분의 국민들을 문맹인으로 만들었고, 빠른 속도로 변화하고 있는 외부 세계와도 사실상 단절시켰다. 식민지 국민들의 효율적인 통치를 위해 소수의 식민지 엘리트 계층을 육성하여 이들에게 식민지 통치를 위임하는 전략은 식민지 국민들을 분열시켰고 식민 상태를 영구화시켰다. 이 전략은 대단히 성공을 거두어 이들 육성된 제국주의의 흉내내기자들은 제국주의자들이 부여한 임무를 충실히 수행했고, 독립 이후에도 문화제국주의를 수용하여 제국주의 국가에 대한 경제적·문화적 예속 구도를 창출했다.

　언어의 교류는 18세기 이후 유럽 제국주의 국가와 아랍 국가들의 관계처럼 지배와 점령에 의한 강제적 언어 이식의 사례도 있지만, 자발적인 수용을 통한 언어 동화의 과정도 있다.

　이는 십자군 원정을 통한 아랍어의 유럽 확산에서 그 사례를 찾아볼 수 있을 것이다. 또한 중세 안달루시아에서 이슬람 문화가 발달하고 확산되는 과정에서 주변의 타 문화권이 선진문화인 이슬람 문화를 수용하는 과정에서 아랍어가 확산된 것도 한 사례가 될 것이다. 이처럼, 지중해에서는 언어와 언어가 만남으로서 발생하는 언어 간 교류의 거의 모든 양상과 형태를 발견할 수 있다.

현대 사회는 통신수단과 교통수단의 급속한 발달로 교류의 양상이 과거와 비교할 수 없으리만치 빠르고 급진적으로 발생하고 있다. 21세기 링구아 프랑카인 영어를 중심으로 기타 언어들이 각자의 정체성과 가치를 주장하며 상호 교섭하는 것이 현대의 언어 교류의 양상일 것이다.

현대 사회에서 영어가 막강한 영향력을 행사할 수 있는 것은 영어 자체의 언어적 우수성이라기보다는 영어를 모어로 하는 화자 집단의 정치적 · 경제적 · 문화적 영향력에서 기인한다.

국제 사회에 끼치는 미국의 영향력이 당분간 계속된다고 보았을 때, 영어의 영향력 역시 당분간 지속될 것이며, 이는 언어와 언어의 만남의 또 다른 양상을 제시하고 있어 흥미롭다.

찾아보기

지중해지역원 인문총서 시리즈

지중해 언어의 만남

1판 1쇄 발행 2015년 6월 30일

지은이 윤용수 최춘식
펴낸이 강수걸
편집장 권경옥
편집 양아름 문호영 정선재
디자인 권문경 박지민
펴낸곳 산지니
등록 2005년 2월 7일 제14-49호
주소 부산광역시 연제구 법원남로15번길 26 위너스빌딩 203호
전화 051-504-7070 | 팩스 051-507-7543
홈페이지 www.sanzinibook.com
전자우편 sanzini@sanzinibook.com
블로그 http://sanzinibook.tistory.com

ISBN 978-89-6545-303-1 03790

*책값은 뒤표지에 있습니다.
*이 저서는 2007년 정부(교육과학기술부)의 재원으로 한국연구재단의
지원을 받아 수행된 연구임(NRF-2007-362-A00021)
*이 도서의 국립중앙도서관 출판예정도서목록(CIP)은 서지정보유통지원시스템
홈페이지(http://seoji.nl.go.kr)와 국가자료공동목록시스템(http://www.nl.go.
kr/kolisnet)에서 이용하실 수 있습니다. (CIP 제어번호: CIP2015016216)